Lieblingsplätze rund um Köln & Bonn

GMEINER

Diana-Isabel Scheffen | Sven von Loga

Aus Gründen der Lesbarkeit und Sprachästhetik wird in diesem Buch das generische Maskulinum verwendet. Mit der grammatischen Form sind ausdrücklich weibliche sowie alle anderen Geschlechtsidentitäten berücksichtigt, insofern dies durch den Kontext geboten ist.

Für das Buch wurden QR-Codes generiert, die zu den Websites der Lieblingsplätze führen. Um sie zu nutzen, öffnen Sie die Kamera-App Ihres Endgeräts und richten den Rahmen für circa drei Sekunden auf den Code. Daraufhin erscheint eine Benachrichtigung. Sollte dies nicht passieren, müssen Sie ggf. das Scannen in den Einstellungen Ihres Gerätes erst aktivieren. Wenn diese Option nicht verfügbar ist, können Sie einen QR-Code-Reader von Drittanbietern in Ihrem App-Store kostenfrei herunterladen.

Alle Informationen wurden geprüft. Gleichwohl verändern sich Gegebenheiten, daher erfolgen alle Angaben ohne Gewähr. Sollte bei einem QR-Code ein Fehler angezeigt werden, sind wir für eine Nachricht dankbar. Auch über Ihr Feedback zum Buch freuen sich Autorin, Autor und Verlag: lieblingsplaetze@gmeiner-verlag.de.

Sofern nicht im Folgenden gelistet, stammen alle Bilder von Sven von Loga: Anne Caspar 14; Andreas Keunecke 28; Sarah Larissa Heuser 48; Carola Heneweer 110, 140; Roland Reischl 128; Barbara Hoverath 132; Wim de Vries 2020 138; Dirk Beckmann 156

Besuchen Sie uns im Internet: www.gmeiner-verlag.de

1. Auflage 2024

Im Ehnried 5, 88605 Meßkirch
Telefon 07575/2095-0
info@gmeiner-verlag.de

QR-Code einscannen und kostenloses E-Book anfordern.

Lektorat/Redaktion: Ricarda Dück
Herstellung: Julia Franze
Bildbearbeitung/Umschlaggestaltung: Susanne Lutz
unter Verwendung der Illustrationen von © mohamed Hassan – pixabay.com, © Susanne Lutz; © natbasil, SimpleLine, SylwiaNowik, bioraven – stock.adobe.com
Kartendesign: © printmaps.net
Druck: AZ Druck und Datentechnik GmbH, Kempten
Printed in Germany
ISBN 978-3-8392-0627-0

Zwei Städte, ein Herz

Eine Liebeserklärung

Die Region um Köln und Bonn mit anderen Augen sehen – das werden Sie nach der Lektüre dieses Buches. Nicht nur ein Augenpaar, sondern gleich zwei haben sich auf den Weg gemacht, spannende, erstaunliche und einfach nur schöne Orte zu finden. Die dazu gehörenden Münder haben Gespräche mit Einheimischen und Anbietern besonderer Erlebnisse geführt und gespitzte Ohren haben alles aufmerksam aufgenommen. So haben sie Dinge erfahren, die bisher nirgendwo niedergeschrieben wurden: Amüsante Geschichten und Hintergründe zu den einzelnen Lieblingsplätzen. Mit diesem Buch kann man nicht nur real auf Erkundungstour gehen, man kann zudem eine Fantasiereise unternehmen. An etlichen Lieblingsplätzen erkennt man auch, wodurch die Region beeinflusst und geformt wurde; links des Rheins ist dies der Braunkohlebergbau. Eine Bereicherung war und ist ohne Frage die unterschiedliche Herangehensweise von Autorin und Autor. Sven von Loga aus seiner Perspektive als Geologe und Diana-Isabel Scheffen mit ihrem durch mehrere regionale Buchprojekte geschärften Blick. So ist für jeden etwas dabei – mehr noch, als es bei einem einzelnen Autor der Fall wäre.

Nun mag sich so manch einer fragen, warum bekannte Aushängeschilder der Region nicht im Fokus stehen – weil es darum geht, bisher unbekannte Plätze kennen und schätzen zu lernen. Den Kölner Dom und das Bonner Münster findet jeder auch ohne Reiseführer. Doch häufig stehen Orte zu Unrecht in zweiter Reihe und verdienen es, in den Vordergrund gerückt zu werden. So viel Schönes oder Außergewöhnliches wird im Alltag nicht gesehen, weil man immer dieselben Wege geht. Dieses Buch regt dazu an, von ihnen abzuweichen! Unser Wunsch ist es, dass viele Menschen mit diesen Lieblingsplätzen die Reize ihrer Heimat auf neue Weise wiederentdecken und dass Gäste die Besonderheiten abseits der bekannten Sehenswürdigkeiten kennenlernen. Wir haben versucht, die Welt mit Kinderaugen zu sehen und ebenfalls Orte zu berücksichtigen, deren Besuch Familien Freude bereitet. Neue Ecken sehen, neue Geschichten hören – auch der Geschmackssinn soll bei dieser Reise nicht zu kurz kommen. Immer wieder sind daher Tipps eingestreut, wo es sich ausgesprochen gut einkehren lässt.

Alle Sinne ansprechen – das geschieht beispielsweise bei einem Besuch des Erfahrungsfelds der Sinne bei Burg Wissem und im Gesundheitsgarten Erftstadt-Frauenthal. Anregend sind diese Ausflüge, sie setzen Impulse. Ob es um Gleichgewichtserfahrungen auf einer rotierenden Scheibe geht, um akustische Erlebnisse mit Klangstäben oder Stimulierungen des Geruchssinns durch Duftstelen und Kräuterbeete. Düften lässt sich auch im Rosengarten im Kölner Fort X nachspüren. Der Tastsinn wird in Finkens Garten angesprochen, beispielsweise beim Berühren der Elefantenohrpflanze. Durch die Wahrnehmung mit allen Sinnen gelingt ein viel tieferes Eintauchen in den jeweiligen Ort. Das gezielte Ausblenden eines Sinnes, beispielsweise des Sehsinnes, kann ebenso einen außergewöhnlichen Effekt haben. Wer genug Vorstellungskraft hat, kann so inmitten der Stadt, am Herkulesberg, das Meeresrauschen hören.

Jeder Lieblingsplatz ist einen Ausflug wert, denn rundherum gibt es zweifelsohne noch genug anderes zu entdecken. Manche Orte sind seltsam und ungewohnt, sei es ein Mammutbaumwald in Köln, der doch eigentlich in die Eiszeit gehört, oder ein skurriler Tunnel in Bonn am Rande der Ortschaft.

Wir wünschen allen Leserinnen und Lesern, allen Neugierigen und Entdeckungslustigen nun eine fantastische Zeit,

Diana-Isabel Scheffen und Sven von Loga

Wussten Sie schon, dass es in der linksrheinischen Seite der Region weitaus mehr Wasserburgen als mittelalterliche Festungen im Mittelrheintal gibt? Ein paar außerordentlich schöne verraten wir Ihnen!

Wildpark Dünnwald
Dünnwalder
Mauspfad 230
51069 Köln
0221 601307

Restaurant
Zum Grinkenschmied
Wupperplatz 15
51061 Köln
0221 42344639

1 Wo der Grinkenschmied haust

Wildpark Dünnwald

Völlig zu Unrecht wird sie »Schäl Sick« genannt. Die Kölsch-Band Miljö hebt die Vorzüge der rechtsrheinischen Seite Kölns im gleichnamigen Lied hervor. Hier sind sie aufgewachsen und hier leben sie noch heute: Eine bewusste Entscheidung, die man umso mehr nachvollziehen kann, wenn man einmal das Gebiet rund um den Wildpark Dünnwald erkundet.

Am Mutzbach gibt es Matschmöglichkeiten für die Kinder und große Augen bekommen ebenfalls die Erwachsenen beim Anblick der riesigen Wisente. Kunstvoll geschnitzte Holzskulpturen säumen die Wege, ein Arboretum macht mit fremdländischen Gehölzen bekannt, ein Baumlehrpfad lädt zu Tast- und Fühlerlebnissen ein. Im Sommer ist das malerisch gelegene Waldbad eine Empfehlung, in dem immer mal wieder Veranstaltungen stattfinden: Einmal im Jahr hat auch Miljö ein Heimspiel bei einem Konzert unter Bäumen. Etwas weiter südlich bietet sich die Dellbrücker Heide für ausgedehnte Spaziergänge an, besonders idyllisch ist es am Höhenfelder See und am Heideteich. Das Naturschutzgebiet Am Hornpottweg mit seinem jüngst angewachsenen Bestand an Wasserbüffeln ist einen eigenen Ausflug wert, denn an solch interessanten Orten möchte man länger verweilen.

Länger verweilen wollte hier auch der Grinkenschmied, das treueste Kölner Heinzelmännchen. Der Legende nach verließ er als einziges Heinzelmännchen nach der Vertreibung durch die Schneidersfrau seine Heimat nicht, sondern wechselte lediglich die Rheinseite. In dem an Dünnwald angrenzenden Stadtteil Höhenhaus soll er in einer Höhle seine Schmiede eingerichtet und den Anwohnern geholfen haben. Einmal im Jahr findet in Höhenhaus ihm zu Ehren eine Kirmes statt, und am Wupperplatz wurde ihm ein Denkmal gesetzt.

Das Restaurant Zum Grinkenschmied liegt unweit des Grinkenschmied-Denkmals. Hier kann man die beim Wandern und Schwimmen verbrauchten Kalorien auf leckere Weise zurückgewinnen.

Niehler Strand
Rheinufer am Niehler Hafen
Am Molenkopf 20
50735 Köln

Speiselokal Atempause
Am Niehler Hafen 1
50735 Köln
0221 78962688

2 Idylle hinter dem Containerhafen

Niehler Strand am Molenkopf

Die Kölsche Riviera mit weiten sandigen Stränden liegt bei Rodenkirchen im Süden der Stadt. Ein erheblich schöneres Strandgebiet aber ist nur wenigen bekannt: die Rheinufer bei Köln-Niehl im Norden. Zwischen der Mülheimer Brücke und der Einfahrt zum Niehler Hafen erstrecken sich weite Sand- und Kieselsteinabschnitte, die selten gut besucht sind und herrliche Plätze zum Sonnenbaden, Picknicken und Erholen bieten.

Ein guter Radweg führt von der Altstadt immer am Rheinufer entlang hierhin. Von Köln-Niehl aus erreicht man den Molenkopf über eine Fußgängerbrücke über der Hafeneinfahrt. Oben auf der Straße Am Molenkopf donnern die Container-LKW vorüber; es scheint auf den ersten Blick gar nicht idyllisch zu sein, aber unten am Rheinufer ist von dem Verkehrslärm nichts mehr zu hören. Es ist still, man schaut den Schiffen zu, die an der gegenüberliegenden Seite des Rheins vorbeiziehen. Alte Weiden spenden Schatten, sodass es sich auch an heißen Tagen gut aushalten lässt. Ab und zu kommt jemand mit seinem Hund vorbei, hier und da wird gegrillt, manchmal sitzen des Morgens immer noch die Angler in ihren Zelten am Ufer, wo sie die Nacht durchgefischt haben. Eine perfekte Gegend, um einen gemütlichen Sommertag zu verbringen oder am Rheinufer einen langen Spaziergang zu unternehmen.

Die Straße Am Niehler Hafen im Süden führt an Containerterminals vorbei; das ist das Gegenteil von der Beschaulichkeit des Rheinufers, doch die Blicke in die Hafenbecken sind immer wieder beeindruckend und bieten zudem ausgefallene Fotomotive. Am Ende lädt dann das Truckerlokal *Atempause* zur Pause ein.

Von der Fußgängerbrücke im Norden des Hafens, die Niehl mit dem Molenkopf verbindet, lassen sich gut die ein- und ausfahrenden Schiffe beobachten.

Das Handwerkerinnenhaus Köln e. V.
Lern- und Bildungsort für Mädchen und Frauen
Kempener Straße 135
50733 Köln
0221 5727000

Bürgerzentrum Nippes
Altenberger Hof
Mauenheimer Straße 92
50733 Köln
0221 9765870

3 Bohren, schrauben, sägen

Das Handwerkerinnenhaus Köln e. V.

Was macht einen Lieblingsplatz aus? Es kann ein Ort sein, der einem temporär Glücksgefühle beschert, wie eine Bank mit Aussicht auf eine schöne Landschaft. Es kann aber auch ein Ort sein, dessen Besuch nachhallt, der nachhaltig prägt und sogar das Lebensglück lenken kann. Ein solcher Platz ist das Handwerkerinnenhaus in Köln.

Schon die Geschichte des Gebäudes, in dem die Lern- und Bildungsstätte für Mädchen und Frauen seit 1991 residiert, ist außergewöhnlich. Es handelt sich um ein denkmalgeschütztes Bahnhofsgebäude, das in Worringen errichtet und in Köln-Nippes wiederaufgebaut wurde. Den Bau der Mädchenwerkstatt übernahmen die Handwerkerinnen 1997 dann schon zum großen Teil selbst: Sie verkleideten die Außenfassade, dämmten Wände, fügten Türen und Fenster ein.

Der eingetragene Verein *Handwerkerinnenhaus Köln* wurde ursprünglich gegründet, um mehr Frauen für männerdominierte Berufe zu interessieren und ihre Möglichkeiten auf dem Arbeitsmarkt für gewerblich-technische Positionen zu verbessern. Inzwischen bietet das Handwerkerinnenhaus eine bunte Palette aus verschiedensten Bausteinen, um mehr Chancengerechtigkeit von Mädchen und Frauen zu erreichen. Es gibt Angebote für Frauen, die Reparaturen im Haushalt, am Fahrrad oder Auto selbst vornehmen möchten – und im Mädchenprojekt Zukunft schafft das Handwerkerinnenhaus Perspektiven für schulmüde Mädchen. Verschiedene Veranstaltungen ermöglichen Einblicke für alle.

Man sollte meinen, dass es solche Einrichtungen landesweit gibt, zumal der Mangel an gut ausgebildeten Fachkräften im Handwerk immer drängender wird. Doch tatsächlich sind die Kölner Frauen allein auf weiter Flur. Unterstützt werden sie von der Stadt und von Förderern. Eine Spende an den Verein kann helfen, die Arbeit der Frauen weiter voranzutreiben.

Im nahen Bürgerzentrum Nippes-Altenberger Hof wird die ganze Familie glücklich: Spielplatz, Gastronomie und ein interessanter Veranstaltungskalender.

Rosengarten Fort X
(Mai bis Oktober)
Neusser Wall 33
50670 Köln
0221 22123051
Eisdiele Keiserlich
Neusser Platz 2
50670 Köln
0221 99876277

4 Eine versteckte Perle

Rosengarten im Fort X

Wo findet man in Köln den Aachener Dom? Und an welchem Ort in der Großstadt begegnen sich Peter Frankenfeld und die Gebrüder Grimm – und das ohne Zeitmaschine?

Köln und seine Kleinode: Eines davon ist unbestreitbar der Rosengarten, hoch oben auf dem ehemaligen Fort X, heute Teil des Hilde-Domin-Parks. Besonders viel Lieblingsplatz-Potenzial hat die grüne Oase zur Blütezeit der zahlreichen in luftiger Höhe angepflanzten Blumen. Die Pläne für die Grünanlage stammen vom ehemaligen städtischen Gartendirektor Fritz Encke; in den Jahren 2012 und 2013 wurden Teile mit Unterstützung der *Kölner Grün Stiftung* und privater Sponsoren instandgesetzt.

Über einen steilen Weg und einige Treppen erreicht man den Garten. Vom Getümmel der Großstadt ist hier oben nichts zu spüren und die Luft ist angenehm frisch. Leichter Wind trägt einem den Wohlgeruch der Duftrosen entgegen; im Pavillon oder auf den Bänken kann man verweilen und den Blick über die sorgfältig gepflegten Blumenrabatten und Wege schweifen lassen. Wer unter der Woche hierherkommt, der kann mitunter sogar alleine die teils lustigen, teils skurrilen Namen der vielen verschiedenen Rosensorten studieren: Duftwolke, Goldmarie und Bella Weiß sind nur einige Beispiele.

Abends bietet es sich an, mit einem lieben Menschen den Garten zu besuchen und den Sonnenuntergang sowie den Blick bis hin zur Agneskirche zu genießen. Studierende kommen gerne zum Lernen hierher, Autoren zum Schreiben. Inspiriert von der idyllischen Umgebung geht alles leichter von der Hand. Auch ein schönes Buch kann man lesen, gespickt mit Ideen für Besuche bei anderen Lieblingsplätzen.

Schnell zu erreichen ist die Eisdiele Keiserlich mit einer vorzüglichen Variante der eiskalten Köstlichkeit – immer wieder wechseln die schmackhaften Sorten; lecker sind sie alle.

Brücke zum
Herkulesberg
Östlich der Herkulesstraße
zwischen Innere Kanalstraße und
Mediapark
50670 Köln

Restaurant
Good Food Köln
Im Mediapark 5
50670 Köln
0221 50054038

5 Der Monte Klamotte

Herkulesberg

»Wenn man die Augen schließt, dann könnte man fast meinen, dass man das Meeresrauschen hört.« Dieser Satz fiel an einem herrlichen Sommertag, bei Sonnenuntergang, oben auf dem Herkulesberg. Diese Interpretation des durch das hohe Verkehrsaufkommen auf den umliegenden Straßen bedingten Rauschens ist ungewöhnlich positiv. Doch es ist tatsächlich schön hier oben – auch wenn man die Augen wieder öffnet.

Das mag verblüffen, denn die von Einheimischen »Monte Klamotte« genannte Erhöhung besteht aus Trümmern aus dem Zweiten Weltkrieg. Ein Trümmerberg, rundherum viel befahrene Straßen und die Züge brausen ebenfalls direkt daneben vorüber – da wird das Lieblingsplatz-Potenzial nicht sofort augenscheinlich. Doch wie so oft muss man ein wenig tiefer schürfen und sich den Vorzügen dieses Ortes bewusst hingeben. Der Anfang ist gemacht, das Meeresrauschen ist da. Sollten die Fahrzeuggeräusche nicht genügen, einfach eine Muschel mitnehmen und hineinhorchen. Außerdem Picknickdecke und -korb einpacken und so ausgestattet auf die Wiese setzen, die recht steil in Richtung Innere Kanalstraße abfällt. Dort rückt der Colonius ins Blickfeld.

Der Berg aus Krimskrams und Klimbim ist ein vergleichsweise wenig frequentierter Ort. Vom Stadtgarten oder vom Mediapark aus kommend führt eine der ungewöhnlichsten Kölner Brücken auf die Erhebung, eine Fußgängerüberquerung mit dem Spitznamen »Heuschreckenbrücke«. Sie schlägt einen Bogen über die Bahngleise, und erst in der Draufsicht wird klar, warum sie so genannt wird: Die schräg hochstrebenden Pfeiler ähneln Fühlern, die Bögen erinnern an die kräftigen Hinterbeine der Insekten. Am Ende des Übergangs gelangt man über eine Treppe auf den Hügel. Von hier aus kann man die Spitzen des Kölner Doms sehen.

Der Mediapark eignet sich hervorragend für einen Spaziergang; auch ein großer Spielplatz findet sich vor Ort. Einkehren lässt es sich vortrefflich im Restaurant Good Food.

Der Weinberg auf dem
Kölner Wein Depot
Amsterdamer Straße 1
50668 Köln
0221 727570

Flora und
Botanischer Garten
Alter Stammheimer Weg
50735 Köln
0221 560890

Der Weinberg auf dem Dach

Kölner Wein Depot

Wo trifft man auf den Blauen Kölner? Er befindet sich an einem Kölner Lieblingsplatz par excellence – oder genauer *auf* einem Kölner Lieblingsplatz, nämlich auf dem Dach des *Kölner Wein Depots*. Der Blaue Kölner ist eine von über 40 verschiedenen Rebsorten, die hier oben in schönster Südlage wachsen.

So manch einer mag den Weinberg auf dem Dach schon von unten bewundert haben – was viele nicht wissen, ist aber, dass man während der Öffnungszeiten des Weinmuseums auch hochsteigen und zwischen den Reben flanieren darf. Besonders empfehlenswert ist das zur Reifezeit der Trauben; sie dürfen dann sogar gekostet werden. Lediglich der Eintritt für das im ersten Stock gelegene Museum ist dafür zu entrichten. Von dort aus gelangt man über eine Treppe zur grünen Mütze des Gebäudes. Im Museumseintritt sind zwei Probiergläser Wein enthalten. Die dürfen auf bereitgestellten Bänken genossen werden, inmitten der Reben, im Schatten eines Sonnensegels.

Aber wie ist der Weinberg nun auf das Gebäude gekommen? Anders als bei anderen Dachbegrünungsprojekten muss beim Weinanbau in luftiger Höhe berücksichtigt werden, dass die Reben tief wurzeln. Es ist also viel Erdreich vonnöten, außerdem ein stabiler Boden darunter, der das nicht unerhebliche Gewicht halten muss. Mithilfe von riesigen Rohren wurden Erde und eine Lava-Bims-Mischung auf das Dach geblasen. Die edlen Tropfen der kultivierten Reben sind nicht für den Verkauf gedacht, im darunterliegenden *Wein Depot* darf man aber eine Kostprobe aus einer beeindruckenden Zahl an Erzeugnissen nehmen. Der Familienbetrieb wurde 1928 gegründet und inzwischen ist bereits die vierte Generation ins Geschäft mit eingestiegen.

Flora und Botanischer Garten sind immer einen Besuch wert. Der Eintritt ist frei, und im Gartenlokal Dank Augusta ergibt sich in den Sommermonaten die Gelegenheit, sein Essen mit Blick auf die Grünanlage zu genießen.

Katzenbuckelbrücke
Mülheimer Hafen
51063 Köln

Café Radix und Anima
Deutz-Mülheimer
Straße 183
51063 Köln
0176 47364136

Katze, Drache oder Schwan

Katzenbuckelbrücke

Es gibt Mülheimer, die behaupten, dass es in ihrem »Veedel« einen Drachen gäbe. Der Architekt der Brücke mit dem gewagten Schwung und dem ungewöhnlich steilen Anstieg am Mülheimer Hafen fügte seinem Entwurf die Skizze eines Fabeltieres hinzu: Lang gezogener gekrümmter Rücken, Kopf, Beine, langer Schwanz – so könnte ein Drache aussehen, der über den Hafen springt. An einen Schwanenhals mag denken, wer die Farbe des Fußgängerübergangs in das Fantasiespiel mit einbezieht. Eine Katze, die sich streckt und einen Buckel macht, stellt ebenfalls ein passendes Bild dar. Und daher rührt der Name, der sich eingebürgert hat: Katzenbuckelbrücke.

Welche Kapriolen die Vorstellungskraft auch immer beim Anblick schlägt – bei der Begehung der Überquerung, die anlässlich der Kölner Bundesgartenschau 1957 errichtet wurde, sollte man sich nicht in Träumereien verlieren. An der höchsten Stelle angekommen, seien sie dann wieder gestattet, die Träumereien. Dort öffnet sich nämlich an klaren Tagen ein fantastischer Blick auf die Kölner Skyline mit dem Kölner Dom.

Die tierische Brücke verbindet das Festland mit einer schmalen Rheinhalbinsel. Hierhin kommt, wer ungestört seinen Gedanken nachhängen oder die vorbeiziehenden Schiffe in Ruhe betrachten möchte. In südlicher Richtung mündet die Halbinsel in den hübschen Rheinpark, durch den die bunte Kleinbahn fährt. Ein großer Spielplatz mit Rheinblick und Seilrutsche macht den Ausflug familientauglich. In nördlicher Richtung kann man – allerdings nicht mehr über die Halbinsel – bis zum Mülheimer Mäuerchen laufen, einem beliebten Treffpunkt für Sonnenhungrige, die die Vorteile der »Schäl Sick« zu genießen wissen.

Im ehemaligen Pförtnerhäuschen ist das Café Radix und Anima eingezogen und bietet neben Specialty Kaffee auch Naturweine an.

Aussichtsplattform KölnTriangle – Cologne View
Ottoplatz 1
50679 Köln
02234 9921555

Kletteranlage Hohenzollernbrücke
Hohenzollernbrücke
50679 Köln

8 Der Dom aus der Vogelperspektive

Aussichtsplattform KölnTriangle Cologne View

»Es fehlt nur vom Balkon die Aussicht auf den Dom« – so die hochdeutsche Version der Textzeile aus *Et Spanien Leed* von den Bläck Fööss. Von der Aussichtsplattform des *KölnTriangle Cologne View* fehlt der Blick auf den Kölner Dom nicht, im Gegenteil: Dort sieht man das berühmte Bauwerk aus einer besonderen Perspektive. Und es bleibt nicht beim Panorama mit Dom, Rhein, Colonius und Hohenzollernbrücke – auf der Aussichtsplattform kann man einmal ganz herumlaufen und in alle Richtungen schauen. Bilder an den Scheiben zeigen, wo sich was befindet.

Was muss nun getan werden, um in diesen Hochgenuss zu kommen? Zunächst einmal ist es unabdingbar, dass man im Erdgeschoss des Turmes Eintritt bezahlt. Mit dem Aufzug geht es dann in die 29. Etage, hoch auf 103,20 Meter. Die auf dem Rhein vorbeiziehenden Frachtkähne und Ausflugsdampfer gleichen Spielzeugschiffchen, die Züge auf der Hohenzollernbrücke scheinen einer Eisenbahnlandschaft entsprungen zu sein. Die sich ständig in Bewegung befindliche Stadt wirkt von hier oben wie ein emsiger Ameisenhaufen.

Einen romantischen Moment – vielleicht den besonderen Moment im Leben – kann man in der Dämmerung erleben, wenn die Abendsonne Köln in rotes, orangefarbenes und gelbes Licht taucht. Dabei muss man lediglich darauf achten, dass der Zeitpunkt des Sonnenuntergangs innerhalb der Öffnungszeiten liegt. Manchmal wird die Aussicht durch eine Veranstaltung sogar noch interessanter, wenn unten die Straßen bunt erstrahlen.

Die Hohenzollernbrücke ist von oben sehr gut zu sehen – und es ist möglich, an ihr zu klettern! Man muss sich lediglich beim DAV registrieren und einige Regeln beachten.

ALAAF-Schriftzug
Links- oder
rechtsrheinisch
Aktueller Standort
online abrufbar
Köln

Kölner Karnevalsmuseum
Maarweg 134
50825 Köln
0221 574000

9 Der kölsche Schlachtruf fürs Foto

Der ALAAF-Schriftzug

Wenn die Kölner etwas können, dann ist das Karneval. Gefeiert wird am besten das ganze Jahr und bei jeder Gelegenheit. Und wenn kein Karneval ist, dann wird etwas Ähnliches gemacht, sei es der Christopher-Street-Day (CSD), sei es eine Demonstration gegen Neonazis, schnell ist eine kölsche Band da. Die große CSD-Parade wird mit Partylaune zum überregionalen Event, das keiner übersehen kann, der Nazi-Zug wird durch Musik und Schunkeln übertönt und in die Ecke der absoluten Bedeutungslosigkeit verdrängt. »Alaaf«, lautet der karnevalistische Schlachtruf in Köln – niemand möge es wagen, das Unwort »Helau« zu benutzen.

Anfang 2023 stellte das *Festkomitee Kölner Karneval* zu seinem eigenen 200-jährigen Jubiläum riesige Alaaf-Buchstaben am Gürzenich auf. Niemand soll jemals um den Kölner Karneval herumkommen. Die Lettern sind in Rot und Weiß gehalten und über zwei Meter groß. Jede einzelne wiegt mehr als 350 Kilogramm. Kurz darauf zog der Schriftzug um in den Rheinauhafen mit Blick auf den Dom, dann vor das Kölnische Stadtmuseum an der Minoritenkirche. Im Sommer 2023 standen sie auf der »Schäl Sick«, den Dom im Hintergrund. Welch ein Motiv – wenn auch vielleicht von Hollywood abgekupfert!

Und der kölsche Schlachtruf wird weiter umziehen, immer an famosen Orten aufgestellt, immer ein Highlight für die Instagram-Community, ein Hotspot, der das kölsche Lebensgefühl mit fünf Buchstaben ganz einfach erklärt. Touristen wie Einheimische stehen Schlange, um sich mit einem der kölschesten Motive ablichten zu lassen – es muss nur eben erst gefunden werden. Welch ein Lichtblick daher, dass die Alaaf-Lettern langfristig Teil des Kölner Stadtbildes werden sollen!

Wer mehr vom Kölner Karneval wissen und seine Geschichte kennenlernen möchte, besucht das Kölner Karnevalsmuseum in Köln-Braunsfeld.

SonnenscheinEtage
Kölns höchster Stadtstrand
(Sommersaison)
An St. Agatha 19–25
14. Etage (linker Fahrstuhl)
50667 Köln
0176 98353827

Fischmarkt im Martinsviertel
Am Leystapel
50667 Köln
0221 2576330

10 Kölns höchster Stadtstrand

Beachbar *SonnenscheinEtage*

Es gleicht einer märchenhaften Verwandlung, wenn zu Beginn der Sommersaison der graue Beton eines Parkhausdaches in der Kölner Innenstadt einer mit Pflanzen und Liegestühlen bestückten Fläche weicht. Aufwendig ist das, und der Betreiber hätte sich wohl an so manchem Tag einen Zauberstab gewünscht.

Sobald alle modernen Kutschen ihren Platz auf dem Parkdeck geräumt haben, kann das Schauspiel beginnen. Zunächst müssen 60 Tonnen Kies in den 14. Stock transportiert werden. Mithilfe eines riesigen Schlauches, der sich vom kiesbeladenen Fahrzeug unten auf der Straße das gesamte Parkhaus hinaufschlängelt, wird er auf die oberste Etage gepustet. Es ist aber nicht nur Kies, der auf das Dach befördert werden muss – es werden Container benötigt, Sonnenschirme, eingetopfte Palmen, Getränke. Ist alles an Ort und Stelle, kann der Sommerabendtraum beginnen. Doch auch dieser Traum endet einmal, und das derart geschmückte Parkdeck muss mit dem Glockenschlag zum Ende der Saison wieder in sein graues Kleid schlüpfen. Der Kies wird abgesaugt und statt hoch geht es für sämtliches Zubehör der *SonnenscheinEtage* hinunter.

An Kölns höchstem Stadtstrand legen immer wieder DJs auf und die Aussicht auf den Dom fehlt auch nicht. Einziger Wermutstropfen: Das zuweilen zu Launen neigende rheinische Wetter. Da gab es schon ein plötzlich aufziehendes Gewitter, das die Gäste zu einer raschen Flucht in die darunterliegende Etage des Parkhauses zwang. Mit engelsgleicher Geduld stellen sich die Betreiber aber jeglichem Gegenwind und informieren tagesaktuell über die Öffnungszeiten. Kinder bis zwölf Jahre haben freien Eintritt und so genießen Familien ebenfalls gerne das Angebot.

Das Martinsviertel mit Fischmarkt und bunten Häuschen liegt nahebei.

Rheinufer am Maritim-Hotel
Höhe Heumarkt 20
50667 Köln

Schokoladenmuseum
Am Schokoladen-
museum 1a
50678 Köln

11 Wo die grünen Sittiche schlafen

Rheinufer am Maritim

An diesem Ort gehen die grünen Halsbandsittiche gemeinsam schlafen, die sich seit vielen Jahren in Köln wohlfühlen. Auf über 3.000 Exemplare schätzen Vogelkundler den aktuellen Bestand. Tagsüber fliegen sie pfeilgleich und mit lautem Krächzen durch die Parks der Stadt, abends aber sammeln sie sich seit Jahren in den großen Bäumen am Rheinufer zwischen Maritim-Hotel und Schokoladenmuseum. Mit Einbruch der Dämmerung kommen sie angeflattert – ein Spektakel, das seinesgleichen sucht.

Eine Stunde vor der Dämmerung setzen wir uns am Rheinufer auf eine Mauer und warten. Nichts tut sich, kein Vogel weit und breit. Plötzlich ist hinter den Häusern eine kleine Gruppe Sittiche zu sehen, unüberhörbar sind ihre Rufe, sie steuern ein paar Äste an und nehmen sie in Beschlag. Ein paar Minuten später folgt ein weiterer Federtrupp. Dann aber geht es los, von allen Seiten nähern sich lautstark Schwärme, zu Dutzenden, gar zu Hunderten kommen die Sittiche an, lassen sich in den Bäumen nieder, schnattern noch eine Stunde, bis endlich Ruhe herrscht. Welch ein Erlebnis, wenn mehrere Tausend Vögel an diesem Ort einfallen. Kein Ast mehr ohne gefiederte Gesellen, die in Gruppen jeden Baum besetzen.

Die beste Jahreszeit, die Halsbandsittiche zu betrachten, ist der Winter. Gegen die niedrigen Temperaturen helfen heißer Tee und dicke Socken, denn Tierbeobachtungen dauern lange, und die Kälte kriecht unter die Haut. Aber die Bäume sind jetzt kahl und dadurch können die Vögel ungestört betrachtet und fotografiert werden. Im Sommer ist es zwar wärmer und gemütlicher, aber grüne Sittiche in einem Dach voller grüner Blätter lassen sich nun mal schlecht ausmachen. Der echte Naturforscher sucht sowieso gerne die Extreme.

Nur 300 Meter entfernt liegt das legendäre Kölner Schokoladenmuseum, in dem wir alles über die Geschichte der Schokolade erfahren und uns im Café aufwärmen können.

Deutzer Drehbrücke
50679 Köln

Café Uferglück
Weidenweg 100
51105 Köln
02203 9495598

12 Der Wind der Veränderung

Deutzer Drehbrücke

Wenn der Wind der Veränderung weht, bauen die einen Mauern und die anderen Windmühlen – so ein Sprichwort aus China. Oder Drehbrücken, könnte man im Falle von Köln sagen. Der Wind der Veränderung wehte das erste Mal 1888, als die rechtsrheinischen Stadtteile Deutz und Poll nach Köln eingemeindet wurden. Das war auch in wirtschaftlicher Hinsicht ein großer Schritt, denn nun durfte im Rechtsrheinischen ein Hafen gebaut werden.

Die hübsche Deutzer Drehbrücke im Jugendstil verbindet seit ihrer Fertigstellung im Jahre 1908 das Festland mit einer vorgelagerten Rheinhalbinsel. Dank ihrer Beweglichkeit macht sie zudem den Weg für Schiffe frei. Doch Hafen und Industrieanlagen verloren zuletzt immer mehr an Bedeutung, und so weht der Wind der Veränderung wieder: Auf dem Gebiet soll in den kommenden Jahren ein Stadtquartier mit Wohnflächen und eigener Infrastruktur entstehen. Die seit 1980 unter Denkmalschutz stehende Drehbrücke aber soll erhalten bleiben, das Schmuckstück wurde erst vor Kurzem aufwendig generalsaniert.

Die Überführung, bestehend aus einer genieteten Stahlfachwerkkonstruktion mit einem aufgesetzten Maschinenhaus, führt Ausflügler zu einem ausgewiesenen Landschaftsschutzgebiet, den weitläufigen Poller Wiesen. Diese Fläche besitzt einen hohen Freizeitwert. Vom Picknick über den Spaziergang bis hin zu sportlicher Betätigung ist hier alles möglich. Wer fit werden möchte, dem sei der Bewegungsparcours direkt bei der Drehbrücke ans Herz gelegt. Mit Aussicht auf das Bauwerk, den Hafen und einen Großteil der Kölner Skyline kann man die Picknick-Kalorien hervorragend wieder loswerden.

Etwas weiter südlich, in etwa zwölf Minuten mit dem Fahrrad zu erreichen, liegt das Café Uferglück. Direkt am Rhein unter alten Bäumen gelegen, kommt Urlaubsgefühl auf.

Korallengrotte im Volksgarten
Volksgartenstraße 56
50677 Köln

Naturdenkmal Schlade
In der Schlade 141
51467 Bergisch Gladbach-Romaney

13 Höhle der versteinerten Schwämme

Korallengrotte im Volksgarten

Der Volksgarten in der Kölner Südstadt ist bei schönem Wetter ein wahrer Anziehungspunkt für Sonnenanbeter. An manchen Tagen ist der Biergarten regelrecht überfüllt, und auf den Wiesen ist kaum noch ein freier Meter zu finden. Grill steht neben Grill, und selbst die Bötchen auf dem Weiher sind rund um die Uhr unterwegs. Daneben schwimmen alle denkbaren Arten von Wasservögeln, vor allem Neophyten wie Nilgänse und Kanadagänse machen sich breit. Am Ufer sonnen sich nordamerikanische Gelbwangenschildkröten, die irgendwann jemand nicht mehr haben wollte und im Weiher aussetzte.

Der städtische Gartenbaudirektor Adolf Kowallek begann 1887 mit der Planung des Parks auf dem Gelände eines der Kölner Forts; 1890 wurde die Grünanlage feierlich der Bevölkerung übergeben. Nördlich des Weihers plätschert sogar ein Wasserfall, der Bach mündet im kleinen Gewässer. Mächtige Felsbrocken, meist mit Moos bewachsen, säumen hier den Weg. Zwischen Weg und Kaskaden stoßen wir auf eine Grotte, die so gar nicht in das geologische Bild der Stadt Köln passt. Die steht nämlich komplett auf eiszeitlichen Rheinablagerungen. In der Grotte und an den großen Gesteinsbrocken auf dem Weg oberhalb beobachten wir Korallen, Stromatoporen – das sind versteinerte Schwämme – und Brachiopoden, typisch für die versteinerten Korallenriffe bei Bergisch Gladbach.

Der Paläontologe erkennt das typische Fossil Uncites gryphus und weiß: Diese Gesteine kommen aus der Schlade bei Romaney, sind etwa 360 Millionen Jahre alt und bildeten sich im Erdzeitalter Mitteldevon, als die Region von einem tropischen Meer bedeckt war. Fossilien in der Kölner City … Der Geologenhammer muss aber leider zu Hause bleiben.

Durch die stillgelegten Steinbrüche der Schlade bei Bergisch Gladbach-Romaney führt der Geopfad, der die Millionen Jahre alten Stromatoporenriffe auf Tafeln erläutert.

Bananeninsel/Bananenkreisel
Bonner Straße 50
50677 Köln

Café & Konditorei Nimmersatt
Darmstädter Straße 19
50678 Köln

14 Es geht um die Banane

Bananeninsel

Das »Eierplätzchen«, ein ovaler Platz in der Kölner Südstadt, an dem mehrere Straßen sternförmig zusammentreffen und der beliebt ist als Veedelstreffpunkt. Der ovale Kreisel »Niehler Ei«. Ein Wagen, der bei laufendem Motor in Beton gegossen und »Ruhender Verkehr« getauft wurde, und der »Goldene Vogel« – ein vergoldetes Auto mit Flügeln auf dem historischen Zeughaus. Was haben diese Orte und Kunstwerke mit kreativen Namen gemeinsam? Sie beschäftigen sich auf die ein oder andere Weise mit dem Kölner Stadtverkehr. Die von ebendiesem zuweilen arg gebeutelten Kölner haben auf der Suche nach der Grünen Welle wenigstens nicht gänzlich ihren Humor verloren.

Eine ansprechend bepflanzte Mittelinsel eines Kreisverkehrs in der Südstadt trägt den vollmundigen Namen »Bananeninsel« und entspricht dem Wunsch vieler Bewohner nach Grün in der Stadt. Auf diesem Fleckchen wachsen – die Bezeichnung verrät es bereits – Bananenstauden. Mehrere Gießkannen stehen für all diejenigen bereit, die sich bei »ruhendem Verkehr« hierhin wagen, um Palmen, Bananenpflanzen und Wildblumen zu pflegen. Die grüne Stadtoase erhielt 2017 den Publikumspreis des vom *Spiegel Online* ausgelobten *Social Design Award* in der Kategorie Urban Gardening.

Die Bananeninsel ist gleich aus mehreren Gründen ein Unikat in Köln: Sie wurde von einer Privatperson angelegt, und diese hat dafür die letzte und einzige Erlaubnis der Stadt erhalten. Bananen in Köln findet man sonst nur im Supermarkt oder aufgesprüht an Hauswänden. Auch andere Ecken der Rheinmetropole werden durch bürgerschaftliches Engagement naturnah aufgewertet, meistens jedoch nicht ganz so aufsehenerregend wie in diesem Fall.

In unmittelbarer Nähe zum Bananenkreisel befindet sich das Café Nimmersatt. Möglich, dass es hier auch mal ein Törtchen mit Bananenfüllung gibt – köstlich sind sie jedenfalls alle!

Finkens Garten
(Mai bis Oktober)
Friedrich-Ebert-
Straße 49
50996 Köln
0221 28537364

Friedenswald und Spielplatz beim Forstbotanischen Garten
Schillingsrotter
Straße 100
50996 Köln
0221 354325

15 Ein Garten für Kleine – und Große

Finkens Garten

»Dieses Blatt fühlt sich an wie das Sofa meiner Oma!«, sagt das Mädchen, während es in einem der Kästen in Finkens Garten die Elefantenohrpflanze ertastet. Ein weiteres außergewöhnliches haptisches Erlebnis bietet die Luffa-Gurke – bekannt von den Schwämmen, die daraus gefertigt werden. Neben den Taststationen spricht der Nasengarten die Sinne an. In verschiedenen Töpfen werden Riechpflanzen präsentiert.

In Finkens Garten soll Kindern die Natur nähergebracht werden; zudem ist er eine Oase für alle. Bei Führungen wird spielerisch Wissenswertes rund um die Natur vermittelt – zum Beispiel, dass Bambus sehr schnell wächst. In zehn Wochen schafft er es von null auf zehn Meter! In der Fantasie der Kleinen wird das Bambuswäldchen schon mal zu einer Ritterburg.

Die Anlage wurde von den 1970er-Jahren bis 2011 von Bernd Kittlass entdeckt, geplant, umgesetzt und lange geleitet. Wer sich fragt, warum an einigen Stellen Bäume in schnurgeraden Reihen dicht beieinander wachsen, dem sei verraten, dass das mit dem Erbe der ehemals ansässigen Baumschule zusammenhängt. Nachdem das Gelände als Baumschule und Staudengärtnerei genutzt wurde, fiel es für eine Weile in einen Dornröschenschlaf, bevor ein Mitarbeiter des städtischen Grünflächenamtes die Vision entwickelte, einen Erlebnisgarten für Kinder zu schaffen.

Heute betreibt ein Förderverein, unterstützt von städtischen Geldern, diesen wunderbaren Ort. Die in Reihen gepflanzten Bäume sind einfach weitergewachsen und stehen heute dicht an dicht, so hoch, wie es nie geplant war. Finkens Garten ist beeindruckend vielfältig und man kann immer wieder Neues entdecken – Kleine ebenso wie Große.

Der Friedenswald liegt direkt beim Forstbotanischen Garten. Inmitten einer großzügigen Rasenfläche befindet sich ein ausgedehnter Spielplatz mit zahlreichen kreativen Spielgeräten aus Holz.

Forstbotanischer Garten
Schillingsrotter
Straße 100
50996 Köln
0221 354325

16 Die Riesen aus der Urzeit

Mammutbaumwald

Zwei Jahre lang, ab Dezember 1997, lebte die US-amerikanische Umweltaktivistin Julia Hill auf einem kalifornischen Küstenmammutbaum, um ihn vor der Abholzung durch die Firma Pacific Lumber zu schützen. Dabei hauste sie auf zwei vier Quadratmeter großen Plattformen, die in 60 Meter Höhe angebracht waren. Ihre teils gefährlichen Erlebnisse beschreibt Hill in dem Buch *Die Botschaft der Baumfrau.* Ihr Einsatz lohnte sich: Der grüne Riese und seine Artgenossen auf einer 12.000 Quadratmeter großen Fläche durften stehen bleiben.

Der Wald voller Küsten- und Bergmammutbäume vor den Toren des Forstbotanischen Gartens ist zum Glück nicht in Gefahr. Auch nicht die Exemplare innerhalb der Grünanlage. Mammutbäume ringen dem Menschen durch ihre schiere Größe Respekt ab. Sie sind aber auch in anderer Hinsicht bemerkenswert. Bei den spannenden Führungen durch den Forstbotanischen Garten, die vom engagierten Leiter Ralf Maiwald durchgeführt werden, erfährt man, dass sie mehrere Tausend Jahre alt werden können.

Dem gesamten Forstbotanischen Garten gebührt der Stellenwert eines Lieblingsplatzes – mit zahlreichen besonderen Orten wie der Pfauenwiese, der Rhododendronschlucht, der Magnolienallee, der Pfingstrosenwiese, der Mittelmeer- und Heidefläche, dem Bambushain und dem Friedenswald. Letzterer wurde in den 1980er-Jahren angelegt, und es wurden Bäume und Sträucher aus all den Staaten gepflanzt, zu denen die Bundesrepublik Deutschland damals diplomatische Beziehungen pflegte. Der Mammutbaumwald versprüht seinen ganz eigenen Charme und sollte unbedingt besucht werden. Ein großer Spielplatz mit feinem Sand und vielen Kletter- und Balanciermöglichkeiten regt zum fantasievollen Spiel an.

Mehrere Pfauen spazieren über die Heidefläche; einer sitzt auf einem Baum, sein imposantes Federkleid hängt hinunter. Eine Wiese im Forstbotanischen Garten ist der Lieblingsplatz der Pfauen.

Myriametersteine im Rheinbogen von Köln-Weiß
Weißer Leinpfad bei
Rheinkilometer 679,49
50999 Köln

Rheinfähre Krokodil
Weißer Leinpfad
50999 Köln
0157 37303525

17 Wie lang ist der Strom?

Myriameterstein am Rhein

1864 war der Rhein nach den Plänen des Ingenieurs Johann Gottfried Tulla begradigt worden. Nun wollte man wissen, wie lang er denn wohl sei. Heute misst er 1.233 Kilometer von der Quelle bis zur Mündung, die Schifffahrt aber brauchte damals wie heute exakte Angaben. Die Zentrale Kommission für die Rheinschifffahrt ordnete 1864 eine Neuvermessung an, die in Basel an der Mittleren Brücke beginnt (heutiger Rheinkilometer 166,6) und an der Rheinmündung in den Niederlanden enden sollte. Dafür wurden Myriametersteine entlang der Ufer gesetzt.

Ein Myriameter entspricht 10.000 Metern. So wurde einst alle zehn Kilometer zwischen Basel und Rotterdam auf beiden Seiten des Rheins ein Stein positioniert. Viele der 1,20 Meter hohen, vierseitigen Steine aus Ibbenbürener Sandstein sind inzwischen verloren gegangen oder Bauarbeiten zum Opfer gefallen. Doch hier und da ist noch einer zu sehen, insgesamt etwa 70 Stück. Die meisten davon stehen heute unter Denkmalschutz. Ein fast würfelförmiges Exemplar steht bei Rheinkilometer 679,49, etwas versteckt direkt am Rande des Leinpfades, dem Wander- und Radfahrweg zwischen Köln-Rodenkirchen und Köln-Weiß.

Alle Myriametersteine haben eine einheitliche Beschriftung. Auf der dem Rhein zugewandten Fläche steht die Nummer der Markierung und die Höhe des Standortes über dem Amsterdamer Pegel. An den beiden Seiten ist jeweils die Entfernung zur nächsten Landesgrenze angegeben, und auf der dem Rhein abgewandten Fläche finden sich die Entfernungen nach Basel und nach Rotterdam. Die Vermessung für die Myriametersteine fiel in die Zeit, in der in Deutschland das metrische System eingeführt wurde und somit die bis dahin bestehende Vielfalt regionaler Maßeinheiten (Elle, Fuß, verschiedene Meilen) abgeschafft wurde.

Wenige Kilometer weiter in Köln-Weiß lässt sich der Rhein mit der Personen- und Fahrradfähre Krokolino überqueren, ein wunderbarer Ausflug in die Porzer Groov.

Langeler Auwald und Lülsdorfer Weiden
Zwischen Porz-Langel und Lülsdorf
Langeler Lido
51143 Köln

Personenfähre Rheinschwan
Ecke Uferstraße/
Schneppenweg
53859 Niederkassel
02236 595353

18 Unter Wasser

Langeler Auwald und Lülsdorfer Weiden

Auenwälder gab es früher fast überall an den Ufern des Rheins. Die Menschen aber mochten die Auwälder nicht, sie waren sumpfig, machten den Zugang zum Flussufer oft unmöglich und vielerorts vermehrten sich darin Mücken und Moskitos; Auenwälder wurden trockengelegt. Heute sind Auwälder eine Seltenheit geworden. Der Rhein wurde in sein Bett gezwängt, begradigt und eingedeicht, damit er bloß nicht mehr aus seinem Bett komme. Im Auenwald geschieht das nämlich bei jedem stärkeren Hochwasser, der Rhein kommt raus aus seinem Bett, steigt über die Ufer hinweg und überflutet die Wälder dahinter. Heute stehen dort, wo einst Auenwälder waren, Häuser mit Rheinblick, Bundesstraßen und Eisenbahnlinien laufen am Ufer entlang. Dabei hätten die Auenwälder wichtige Funktionen. Sie sind Lebensraum für viele Tierarten, Kinderstuben für die Fischbrut und vor allem auch Retentionsräume, in die sich der Rhein bei Hochwasser ausdehnen kann. Da aber diese Räume fehlen, fließt der Rhein dann eben in die Kölner Altstadt.

Echten Auenwald gibt es noch bei Porz-Langel und Lülsdorf, meterhoch stehen der Lülsdorfer Weiden manchmal unter Wasser. Es ist erstaunlich, wie weit der Rhein ansteigen kann, wenn man hier im Sommer bei Niedrigwasser den Weg ans Ufer sucht. Sehr spannend ist eine kleine Wanderung durch den Auenwald, wenn er gerade vollläuft – was natürlich einer genauen Terminierung unter Berücksichtigung des Pegelstandes bedarf. Das Wasser kommt und steigt und auf einmal steht dort, wo wir vor einer Stunde noch trockenen Fußes entlanggingen, alles unter Wasser. Und das Wasser steigt immer weiter, vielleicht bis an den weiter entfernten Deich, dann ist der Rhein ein Strom dem Mississippi gleich.

Bei Lülsdorf lässt sich der Rhein mit der Personenfähre Rheinschwan überqueren, warum also nicht mal rüber in den Wesselinger Rheinpark und wieder zurück.

Heideportal Gut Leidenhausen e. V.
Gut Leidenhausen 1
51147 Köln

Aussichtsplattform Flughafen Köln/Bonn
Kennedystraße
51147 Köln
02203 404001

19 Eulen und große Flieger

Gut Leidenhausen am Flughafen Köln/Bonn

Köln ist ziemlich grün. Zwei vom einstigen Bürgermeister Konrad Adenauer initiierte Grüngürtel durchziehen die Stadt und werden von den Bürgern sogar erbittert gegen den 1. FC Köln verteidigt, der aus der wichtigen Stadtnatur Fußballplätze machen will. Nicht verhindert werden konnte seinerzeit der Bau eines internationalen Flughafens in Kölns größtem Naturschutzgebiet, der Wahner Heide. Und so ist die Wahner Heide heute nicht nur ein Paradies für Naturfreunde, sondern auch für »Planespotter«.

Mittelpunkt der Wahner Heide ist ein historischer Rittersitz aus dem 14. Jahrhundert. Gut Leidenhausen ist an schönen Tagen ein gut besuchtes Ausflugsziel der Kölner. Das heutige Umweltbildungszentrum lockt mit Café, großer Ausstellung im Haus des Waldes, regelmäßigen Veranstaltungen zu allen natur- und umweltrelevanten Themen, Wildgehege mit Rehen und Wildschweinen und vor allem mit der Greifvogelschutzstation. 1960 wurde sie gegründet, und seither werden dort verletzte Greifvögel und Eulen gesund gepflegt, um sie möglichst wieder auszuwildern. An Wochenenden ist die Schutzstation für Besucher geöffnet, und wir können aus nächster Nähe Uhus, Falken, Waldkäuzchen und Milane betrachten, die sonst nur am Horizont zu sehen sind.

Expeditionen zu kleinen stillen Fliegern wie Bienen, Glühwürmchen und Fledermäusen werden unternommen, über einem ziehen immer mal wieder umso lauter die großen Flieger, die Düsenjets. Von Gut Leidenhausen aus führen Exkursionen in die Wahner Heide, zu Pflanzen, Kräutern und Blumen, aber auch zu zahllosen Kröten, Fröschen und sogar zu Schlangen, die sich immer mal wieder sehen lassen.

Gar nicht weit ist der Köln-Bonner Flughafen mit Aussichtsplattform – für alle, die schon als Kinder gerne große Jets beobachtet haben.

Wassertretstelle Königsforst
Ausgangspunkt: Parkplatz Forsbacher Mühle
51503 Rösrath

Landgasthof Heideblick
An der Krumbach 3a
51503 Rösrath
02205 1675

20 Kneippen mitten im Wald

Wassertretstelle Königsforst

Vor allem in heißen Sommern ist die Wassertretstelle im Königsforst ein echter Lieblingsplatz. Gerade diejenigen, die Abkühlung suchen, aber sich in überfüllten Schwimmbädern nicht wohlfühlen und vor den Strömungen des Rheins zu Recht Respekt haben, fühlen sich hier pudelwohl. Mitten im Naturschutzgebiet liegt dieser Sehnsuchtsort; klares, eiskaltes Wasser in einem Kneipp-Becken erwartet den Wanderer, Reiter oder Fahrradfahrer, bis knapp unter die Knie reicht es ungefähr bei Erwachsenen. Das Plätschern des nahen Bachlaufes im Ohr, die belaubten Baumkronen über dem Kopf, den köstlichen Duft der Nadelbäume in der Nase und das kalte Nass auf der erhitzten Haut – ein Ausflug für alle Sinne. Den Körper voller Glückshormone, setzt man den Weg nach diesem Erlebnis beschwingt fort.

Mit diesem selbst vielen Kölnern unbekannten Ort erschöpfen sich die grünen Wunder des Königsforstes noch lange nicht. An den früheisenzeitlichen Hügelgräbern gehen viele einfach vorbei, der Monte Troodelöh hingegen wird begeistert angesteuert – es ist aber auch zu amüsant, dass diese kaum erkennbare Erhebung der höchste Punkt der Stadt Köln sein soll. Es liegt sogar ein Gipfelbuch aus, in das man stolz seine Anekdoten zu dieser herausfordernden Besteigung notieren kann. Ein Wald- und ein Bodenlehrpfad laden zu Erkundungstouren ein. Für Familien mit Kindern ist der bei der Forsbacher Mühle gelegene Waldspielplatz mit Bachlauf und Picknickplätzen interessant. Zur Einkehr bietet sich der Landgasthof Heideblick an, ein Spaziergang von etwa 45 Minuten führt einen von der Forsbacher Mühle aus hierhin.

Im Landgasthof Heideblick sitzt man sehr schön auf der Terrasse, direkt daneben eine Wiese mit ein paar Spielgeräten für Kinder.

Heidezentrum Turmhof
Kammerbroich 67
51503 Rösrath
02205 9477800
Wahner Heide
Ausgangspunkt: Parkplatz
Busenberg
Brandweg
51503 Rösrath

21 Portal zum Naturerlebnis

Heidezentrum Turmhof

Portale führen in Romanen häufig in fremde Welten. Geht man durch sie hindurch, geschieht etwas Magisches. So ähnlich ist es mit dem Heidezentrum Turmhof, einem der Tore zur Wahner Heide. Drei weitere Zugänge sowie das Infozentrum Wahner Heide sind im Zuge der *Regionale 2010* entstanden, um Besucher für dieses zauberhafte und empfindliche Naturschutzgebiet zu sensibilisieren. Die Portale dienen zudem als Informationszentren mit jeweils unterschiedlichen Schwerpunkten. Von hier aus kann man Wanderungen geführt oder in Eigenregie unternehmen oder bei Festen miteinander ins Gespräch kommen.

Die individuelle Dauerausstellung im Heidezentrum Turmhof heißt *Dynamik – Landschaft im Wechselspiel der Kräfte*. In der Heidebibliothek darf gestöbert werden, im Hofladen werden regionale Heideprodukte angeboten. Vom Turm aus bietet sich ein schönes Panorama und ein guter Blick auf die Heidelandschaft en miniature, einen Schaugarten mit typischen Elementen des artenreichen Gebietes.

Beim traditionellen Weidefest am 1. Mai ziehen Esel mit Kindern auf dem Rücken gemächlich über das Areal. Dann präsentieren sich auch die Akteure des Turmhofs und beantworten Fragen. Der BUND informiert über Biber, die Kleinen können Fledermauskästen zimmern oder im Hummelmobil mikroskopieren. Am Stand der Bergischen Greifvogelhilfe sind beeindruckende Exemplare zu sehen. Die ehrenamtlich Tätigen erzählen gerne über ihre Arbeit mit den Eulen und Greifvögeln und freuen sich über Spenden. Es lohnt sich, das Veranstaltungsprogramm zu studieren, es wird ganzjährig viel geboten.

Von hier aus unbedingt in die Wahner Heide wandern – vielleicht zu Wasserbüffeln und zum Busenberg.

Planespotting-Aussichtspunkt
Querwindbahn
Wahner Heide
Kammerbroich 67
51503 Rösrath

Biergarten Bambi
Brander Straße 154
51503 Rösrath
02205 907788

22 Karibik »op Kölsch«

Aussichtspunkt Querwindbahn in der Wahner Heide

Ein Airbus A320, nur etwa zehn bis 20 Meter über einem. Eine spektakuläre Ansicht und ein ohrenbetäubender Lärm. So die Kulisse am Maho Beach auf dem niederländischen Teil der Insel St. Martin in der Karibik. Der Strand liegt in unmittelbarer Nähe des Flugplatzes *Princess Juliana International Airport* und ist darum weltweit bekannt bei sogenannten »Planespottern«. Ganz so nah dran ist man beim Aussichtspunkt Querwindbahn in der Wahner Heide nicht – dafür ist es aber auch nicht so gefährlich wie am Maho Beach. Die Flugzeuge beim Landeanflug zu beobachten ist sogar ausgesprochen harmlos und eignet sich bestens für einen Familienausflug.

Nicht nur der großen Jets wegen sollte man die Wahner Heide besuchen. Im artenreichsten Naturschutzgebiet der Region leben asiatische Wasserbüffel, Glan-Rinder, Esel, Ziegen, Frösche, Molche, Kröten, Libellen. Insgesamt 700 bedrohte Pflanzen- und Tierarten kommen vor, darunter Heidelerche und Perlmuttfalter. Die Wahner Heide bietet ihnen einen Rückzugsort. Am Besucherportal Turmhof werden Greifvögel in der dortigen Auffangstation aufgepäppelt.

Zur entsprechenden Jahreszeit werden große Flächen von gelb blühendem Ginster und violett blühender Besenheide bedeckt. Die Stimmung in den Morgenstunden kann mystisch werden, wenn Nebel über dem Wasser wabert und die ersten zaghaften Sonnenstrahlen auf der Oberfläche glitzern und Tautropfen in tausend Farben erstrahlen lassen. Doch auch im Winter ist die Wahner Heide ein lohnendes Ziel, der bekannte gespaltene Baum bietet schneebedeckt ein ganz besonderes Fotomotiv.

Zur Einkehr bietet sich der nahe gelegene Biergarten Bambi an.

Pfauen an der
Gammersbacher Mühle
Gammersbacher Mühle 1
53797 Lohmar
02205 84197

Bauerngut Schiefelbusch
Schiefelbusch 3
53797 Lohmar
02205 83554

23 Kein Elefant im Porzellanladen

Gammersbacher Mühle

Umgeben von Bäumen liegt in einem kleinen Tal die Gammersbacher Mühle. Sie ist eine Station am Lohmarer Bauernhofweg und bietet eine Vielzahl an Aktivitäten und kulinarischen Genüssen. Der Gammersbach begleitet die Besucher vom Parkplatz bis hinunter zum Fachwerkgebäude, bevor er darunter verschwindet. Je näher man dem Mühlrad kommt, desto mehr wächst das sanfte Plätschern zu einem geräuschvollen Rauschen an.

Die Wassermühle wurde bereits 1613 erstmals erwähnt und ist heute noch voll funktionstüchtig. An Wochenenden und Feiertagen können Gäste frisch gebackenes Steinofenbrot und selbst gebackenen Kuchen genießen, bei warmem Wetter draußen im Biergarten. Sommers wie winters werden verschiedene Gerichte serviert; in der kalten Jahreszeit kann man sich nach einer Wanderung mit Glühwein und heißem Eintopf aufwärmen und stärken.

Über die neugierigen Blicke der zahlreichen Pfauen darf man sich nicht wundern; sie laufen hier überall frei herum. Wallabys, Streifenhörnchen, Ziegen, Ponys und ein Elefant fühlen sich ebenfalls pudelwohl. Ein Elefant? Im Gegensatz zu den anderen Tieren ist dieser nicht lebendig, sondern aus Bronze. Auf Knopfdruck lässt er in hohem Bogen Wasser aus seinem Rüssel spritzen. An Wochenenden dürfen Kinder auf den Ponys reiten. Nach Voranmeldung sind Kutschfahrten möglich und auf einer Wiese darf Bogenschießen ausprobiert werden. Langeweile ist also das Letzte, was man an diesem Lieblingsplatz verspüren wird. So haben das auch schon einige Film- und Fernsehproduktionsfirmen empfunden und die urige Gammersbacher Mühle als Kulisse genutzt.

Zwar nicht fußläufig zu erreichen, aber auf jeden Fall einen Ausflug wert: das Bauerngut Schiefelbusch mit einem Hofladen, Café und Spielmöglichkeiten für Kinder.

Naturschule Aggerbogen
Am Aggerbogen 1
53797 Lohmar
02206 2143

Landschaftsgarten Aggerbogen
Am Aggerbogen
53797 Lohmar

24 Mit Lupe und Gummistiefeln

Naturschule Aggerbogen

Es gibt einen verwunschenen Ort am Flüsschen Agger, da begeben sich Kindergruppen im Frühjahr auf die Suche nach den ersten Blüten auf der Wildblumenwiese. Vorsichtig stecken die Pflanzen ihre Köpfchen aus dem Boden und saugen die Frühlingssonne ebenso gierig auf wie die vom langen, dunklen Winter übersättigten Menschen. Kinder begrüßen Singdrossel und Star, inspizieren neugierig die weichen Kätzchen von Erlen und Pappeln und streichen vorsichtig darüber. Sie erleben das Wiedererwachen der Natur mit allen Sinnen.

Im Sommer hingegen untersuchen sie Lebewesen im und am Wasser. Mit Becherlupen oder Stereomikroskop werden sie betrachtet, bestimmt und anschließend wieder in ihr Unterwasserreich entlassen. Es werden Wassermühlen, Wasserfahrzeuge und Schmutzwasserfilter gebaut. Ausgerüstet mit Gummistiefeln, streifen die Kinder im Herbst durch den Schlamm, finden Äpfel auf der Streuobstwiese. Und auch der Winter hat seinen Zauber, vor allem, wenn es einmal schneit.

Wer oder was steckt hinter all diesen saisonalen Angeboten? Es ist das Team der Naturschule Aggerbogen, das seit 1993 auf die kleinen Wunder am Wegesrand aufmerksam macht. Am außerschulischen Lernort wird Kindern, Jugendlichen und Erwachsenen mit einem hohen praktischen Anteil die Schönheit und Einzigartigkeit der Natur vermittelt. So entwickeln sie Respekt vor der Umwelt und Bewusstsein für nachhaltiges Handeln. Der kleine Rundweg ist frei zugänglich und besonders für Familien sehr attraktiv. Ein Waldlernpfad wurde angelegt, außerdem ein Barfußpfad. Von der Brücke aus lassen sich manchmal Kajakfahrer beobachten, die über die Stromschnellen hüpfen.

Nach dem Besuch der Naturschule Aggerbogen lohnt sich ein Spaziergang durch den Landschaftsgarten Aggerbogen. Der hübsche Weg an der Agger entlang kann als Rundweg gegangen werden.

Wenigerbachtal und Gronenthaler Hof
50°51.770' 7°16.647'
53797 Lohmar
Startpunkt Wanderung:
Haltestelle Am Dreieck
53819 Neunkirchen-Seelscheid

Gasthof Röttgen
Kirchweg 6
53819 Neunkirchen-Seelscheid
02247 6153

25 Auf den Spuren der Bergleute

Gronenthaler Hof im Wenigerbachtal

Manch ein Lieblingsplatz ist selbst in unserer heutigen Zeit noch derart unbekannt, dass man mithilfe der gebräuchlichen Internetsuchmaschinen wenig oder nichts über ihn findet. So ist es mit dem Gronenthaler Hof. Das könnte – zugegebenermaßen – daran liegen, dass nur noch Rudimente von der ehemaligen Bergmannskneipe vorhanden sind. Und auch die findet man nur, wenn man ganz genau hinsieht. Das Wenigerbachtal ist nach der Flora-Fauna-Habitat-Richtlinie geschützt, größere Eingriffe sind deshalb nicht möglich. Daher bekommt die Ruine einen märchenhaften Anstrich: versteckt und überwuchert.

Der Verkehrs- und Verschönerungsverein Seelscheid hat ungefähr dort, wo sich der Gronenthaler Hof einst befunden hat, eine große Informationstafel aufgestellt. Das Wenigerbachtal war ein Industriegebiet mit mehreren Bergwerken, in denen Kupfererz abgetragen wurde. Die bergbaulichen Aktivitäten fanden von circa 1650 bis 1850 statt. Der Gronenthaler Hof war eine Anlaufstelle für die Bergleute zum Ausruhen – und das ein oder andere Schnäpschen wurde sicherlich nicht verschmäht. Später lebte ein Pastor aus Seelscheid in dem Haus und ist regelmäßig auf seinem Pferd zur Kirche geritten.

Wanderungen durch Naafbachtal und Wenigerbachtal sind teilweise anspruchsvoll – manche Wege sind schmal und steil –, aber auch besonders reizvoll: Auenwälder, große Wiesenflächen, Bäche, Brücken, eine davon eine selbsttragende aus Stein. Mit so manch tierischer Begegnung darf man im Naturschutzgebiet rechnen. Viele ruhige und friedliche Plätze bieten sich für ein Picknick mitten im Grünen an. Wer mag, erkundet den Eisvogelweg und den Kräuterweg.

Wer nach so viel Bewegung Hunger verspürt, der kehre im Gasthof Röttgen ein. Der ein oder andere wird sich denken: Das kommt mir doch irgendwie bekannt vor! Richtig, in der WDR-Serie *Mord mit Aussicht* wurden in dem Fachwerkhaus die Szenen rund um den Gasthof Aubach gedreht.

Stallberger Fischteiche
Naturschutzgebiet
Gagelbestand
53797 Lohmar
Startpunkt:
Parkplatz Stallberg
Ecke B 56/Zeitstraße
53721 Siegburg

Zwölf-Apostel-Buchen
Am Talweg von Lohmar
kommend
53797 Lohmar

26 Teiche und Hügelgräber

Stallberger Fischteiche im Lohmarer Wald

Zwischen Siegburg und Lohmar liegt der 721 Hektar große Lohmarer Wald mit mehr als 50 Weihern, ein Zeugnis einer alten klösterlichen Kulturlandschaft. Die im Mittelalter angelegten Fischteiche wurden von der Siegburger Abtei Michaelsberg bewirtschaftet. Der Lohmarer Wald gilt als das drittgrößte zusammenhängende Waldgebiet auf der 90 Kilometer langen Bergischen Heideterrasse – nach Königsforst und Wahner Heide. Die einstige Moorlandschaft wurde überwiegend trockengelegt, mittlerweile arbeitet man daran, die Moore wieder zu renaturieren.

Heute noch wird in den Stallberger Teichen Fischerei betrieben; die Fischzucht soll perspektivisch einen Beitrag zu den regional erzeugten Produkten aus dem Rheinland leisten. In diesen Biotopen finden sich zahlreiche Amphibien- und Reptilienarten, zahllose Frösche quaken im Sommer und Ringelnattern machen sich auf die Jagd. Die Weiher sind Lebensraum für viele brütende Wasservögel. Besonders reizvoll sind die Teiche in den Morgenstunden, wenn sie von Nebelschwaden überzogen werden, durch die langsam die Sonne bricht. Obwohl man ausgiebige Spaziergänge machen kann, verirren sich nicht viele Menschen in dieses Naturschutzgebiet – ein idealer Raum für Naturbeobachter und Ruhesuchende.

Etwas nördlich der Stallberger Teiche liegt versteckt – aber mit einem Wegweiser versehen – ein Hügelgräberfeld mit 69 Gräbern aus der frühen Eisenzeit (800 bis 450 Jahre v. Chr.). Auf der Mittelterrasse, etwas entfernt vom Rhein und hoch genug, um vor Hochwassern verschont zu werden, siedelten einst keltische Stämme. Von ihren Hüttendörfern ist nichts erhalten; die Gräber sind überwiegend geplündert worden.

Von Lohmar kommend, treffen wir am Talweg an den nördlichen Seen auf die Zwölf-Apostel-Buchen, die bereits 1850 gepflanzt wurden – und in den 1970er-Jahren nach einem Orkan erneuert werden mussten. Das steinerne Kreuz an den Bäumen wurde 1998 vom Siegburger Steinmetz Karl-Josef Schneider aufgestellt.

Aussichtsplattform Pinn an der Wahnbachtalsperre
Parken: Pinner Straße
53819 Neunkirchen-Seelscheid
Am Ortsende von Pinn dem ausgeschilderten Wanderweg zur Aussichtsplattform folgen

Galerie Sattelgut
Pinner Straße 10a
53819 Neunkirchen-Seelscheid
0152 56430066

27 Wildromantische Wandertour

Aussichtsplattform Pinn an der Wahnbachtalsperre

Wasser für Bonn, Bornheim, Königswinter, Remagen, Hennef, Siegburg, Neunkirchen-Seelscheid und weitere Gemeinden kommt aus der Wahnbachtalsperre. Talsperren gibt es etliche rund um Köln und Bonn und ihre Bedeutung für die Trinkwasserversorgung von Millionen von Menschen ist immens. Da sie streng geschützt sind, liegen sie meist fern von Straßen und Verkehr in ausgedehnten Waldgebieten und sind geradezu meditative Orte der Erholung. An der Wahnbachtalsperre sollte nicht nur die Staumauer besucht werden, sondern vor allem der wunderschöne Aussichtspunkt Pinn bei der gleichnamigen Ortschaft Pinn – ein Highlight für Frühaufsteher und Sonnenaufgangsfans.

Wir parken unser Auto am Straßenrand vor dem Ortseingang Pinn und durchqueren die niedliche Siedlung mit vielen Fachwerkhäusern zu Fuß. In der Kurve begegnen uns seltsame Gestalten: Vor der Tür, hinter dem Gartenzaun, auf dem Dach des Kiosks hängen überall wundersame, teils bizarre Wesen und Werke, viele geschaffen aus bekannten Materialien des täglichen Lebens. Die Galerie Sattelgut hat hier, kurz vor dem vermeintlichen Ende der Welt, ein treffliches Zuhause in einer restaurierten Scheune gefunden. Ständige Präsentationen der ansässigen Künstler und immer wieder Wechselausstellungen internationaler Künstler laden zu Beschäftigung mit der Kunst in aller Muße.

Vor oder nach einem Besuch der Galerie spazieren wir zum Ende des Ortes, immer geradeaus zur Aussichtsplattform, und schauen über die Talsperre, sei es bei Morgennebel, Mittagssonne oder unter dem Sternenhimmel. Rund um die Talsperre führt der gut ausgeschilderte, 24 Kilometer lange Wanderweg des Wahnbachtalsperrenverbandes.

Die Künstlerkolonie Galerie Sattelgut in Pinn öffnet auf Voranmeldung und lädt unregelmäßig zu Vernissagen und anderen Veranstaltungen.

Abtei Michaelsberg
Bergstraße
53721 Siegburg

Eiscafé Teatro
Markt 30
53721 Siegburg
02241 3018639

28 1.000 Jahre der Mönche

Abtei Michaelsberg

Egal, von welcher Seite man sich Siegburg nähert – die Abtei sticht ins Auge. Leuchtend gelb thront sie auf dem Felsen aus über 15 Millionen Jahre altem vulkanischen Gestein, dem Wolsdorfer Gestein, 40 Meter über der Stadt.

1064 gründete der Kölner Erzbischof Anno II. die Benediktinerabtei, ein prächtiges Kloster auf dem Gipfel, nahezu uneinnehmbar wie eine Festung mit hohen, steilen Mauern. Leider wurde die Anlage im 18. Jahrhundert durch Brände zerstört, ein neuer barocker Komplex wurde errichtet, der bis heute erhalten ist. 1803 besetzten die Franzosen unter Napoleon Bonaparte das Rheinland und hoben alle Klöster und anderen kirchlichen Einrichtungen auf. Im Rahmen dieser Säkularisierung wurde auch die Siegbuger Abtei aufgelöst. Wie so manch andere diente sie zunächst als Kaserne, später als Nervenheilanstalt und danach als Zuchthaus. 1914 kehrten die Benediktiner zurück und blieben bis 2011, doch sie starben aus; es kam kein Nachwuchs mehr. Am 19. Juni 2011, nahezu 1.000 Jahre nach ihrer Gründung, endete die Geschichte der Abtei auf dem Michaelsberg.

Nachdem die Benediktinermönche das Kloster aufgaben, übernahm das Erzbistum Köln die Gebäude. Trotz großer bautechnischer Probleme – das Wolsdorfer Gestein verwittert leicht und ist nicht sehr standfest – wurde ein moderner und architektonisch äußerst reizvoller Anbau errichtet. Dort ist seit 2017 das vormals in Bad Honnef ansässige Katholisch-Soziale Institut untergebracht. Highlight für Besucher ist die große Panoramaterrasse auf dem Dach des modernen Anbaus, die einen unvergleichlichen Blick über die Niederrheinische Bucht bietet. Rund um den Burgberg führen zahlreiche schöne Spazierwege.

Wer den Burgberg erklommen hat, verdient eine Erfrischung. Unterhalb der Burg, auf dem Siegburger Marktplatz, befindet sich eine der besten Eisdielen des Rheinlandes.

Aggerwehr
Deichweg 2
53840 Troisdorf

Aggerwehr Bootsverleih
Aggerdamm 35
53840 Troisdorf
01577 4035241

29 Sonnenbad und Tretboot fahren

Aggerwehr

Bei Troisdorf fließt die Agger in die Sieg. Solche Flussmündungen sind meist herrliche Plätze für Menschen, bieten schöne Landschaften und Lebensräume für Tiere und Pflanzen. 380 Meter vor der Mündung wird die Agger allerdings gestaut, um Kühlwasser für das Metallwerk Mannstedt bereitzustellen.

Über ein breites Wehr fließt die Agger über eine Staustufe herab; darunter stoßen wir auf breite Kieselsteinstrände, die sich herrlich zum Sonnenbaden eignen. Im Sommer stecken viele Menschen die Füße ins kühle Nass und entspannen am Ufer. In der flachen Agger können Kinder unter Aufsicht planschen. Baden ist allerdings verboten, da diese Stelle ein wichtiger Aufstieg für Fische ist, vor allem für Lachse und Forellen. Allerdings birgt dieser Abschnitt auch ein ökologisches Problem, denn die Fische schaffen es nicht über das Wehr hinauf, und eine Umgehungsrinne funktioniert nicht richtig, da Ablagerungen sie oft verstopfen.

Rund ums Aggerwehr findet sich eine ursprüngliche Auenlandschaft, die regelmäßig überflutet wird. Alte Bäume ragen empor, Weiden strecken sich vom Ufer in den Fluss, nachdem ein starker Wind sie eines Tages entwurzelt hat. In Zeiten der Überflutung ist der Boden matschig, aber mit den richtigen Schuhen können Frühaufsteher bei einem naturnahen Spaziergang faszinierende Morgennebelszenen erleben. Auenlandschaften sind wichtig für den Flutschutz, da sie viel Wasser aufnehmen können, und bieten wichtige Lebensräume für Tiere und Pflanzen.

Ein kurzes Stück oberhalb des Wehrs stoßen wir am linken Flussufer auf einen kleinen Bootsverleih, an dem wir Tret- und Ruderboote mieten und auf der gestauten Agger herumfahren können.

Burg Wissem mit Bilderbuchmuseum und Erfahrungsfeld der Sinne
Burgallee 1
53840 Troisdorf
02241 900456

Burgcafé Caffé dell'Arte
Burgallee 3
53840 Troisdorf
02241 1694581

30 Mit allen Sinnen

Burg Wissem

Die Burg Wissem in Troisdorf beheimatet das einzige Bilderbuchmuseum Europas. In der Schmökerstube im Turmzimmer kann man viele Stunden verbringen und seinen Kindern aus den zahlreichen Büchern vorlesen. Lockt das Wetter nach draußen, dann lädt das *Erfahrungsfeld der Sinne* mit zwölf Stationen zu Erkundungen rund um die Burganlage ein. Es ist kostenlos zugänglich und beruht auf Ideen von Hugo Kükelhaus. Für ihn war die Sinneswahrnehmung bedeutsam für den Erkenntnisprozess.

Die kippbare Drehscheibe eignet sich dazu, seinen Gleichgewichtssinn zu spüren und zu trainieren. Allein mag das schon recht gut gelingen – die Herausforderung beginnt, wenn man sich zu zweit oder gar zu dritt auf die Balancierscheibe wagt! Dann heißt es, sich gut untereinander abzustimmen, bei allen Bewegungen die der anderen zu berücksichtigen und in die Berechnung mit einfließen zu lassen. Konzentration und Geschick sind vonnöten, vor allem aber ist es eine amüsante und bewegende Sinneserfahrung.

An den Duftstellen kann man herausfinden, welche im Gedächtnis gespeicherten Erinnerungen durch die Gerüche geweckt werden. Auch Steine können mithilfe eines Kunststoffklöppels zum Klingen gebracht werden, ein Steinlabyrinth fordert und fördert den Orientierungssinn. Die *Kreativ-Werkstatt Troisdorf e.V.* bietet geführte Erlebnisrundgänge an, die für alle Altersgruppen geeignet sind. Ein hübsches Café im Innenhof der Burganlage trägt abschließend den Bedürfnissen des Geschmackssinnes Rechnung.

Im schönen Caffé dell'Arte im Innenhof von Burg Wissem kann man gut einkehren und Kaffee und Kuchen in der Sonne genießen.

Ringelstein/Eremitage in der Wahner Heide
Startpunkt:
Telegraphenberg
53842 Troisdorf
Dem Weg mit dem Widderkopf und dann dem ausgeschilderten Ringelsteinweg folgen

Waldwirtschaft Heidekönig
Mauspfad 3
53842 Troisdorf
02241 1453150

31 Steinzeitmenschen und Mönche

Ringelstein/Eremitage in der Wahner Heide

Eine gewaltige Platte aus Quarzit, entstanden vor etwa 15 Millionen Jahren, liegt in der Wahner Heide am Hang des Ravensbergs und wird in diversen Führern mal unter dem Namen Ringelstein, mal unter der Bezeichnung Eremitage aufgeführt.

Im Wald hinter dem Stein findet man zahlreiche Kuhlen im Boden, manch einer vermutet Bombentrichter, aber es sind Löcher, in denen nach Quarzit gegraben wurde. Schon vor 300.000 Jahren, in der mittleren Altsteinzeit, sowie in der jüngeren Altsteinzeit, bis vor 14.000 Jahren, kamen Menschen an diesen Ort, um aus dem Gestein Faustkeile und andere Werkzeuge herzustellen. Schlägt man von dem enorm harten Material Stücke ab, sind diese sehr scharfkantig. Ist kein Feuerstein in Reichweite, dann tut es auch Quarzit. Ein Hunderttausende Jahre währendes Werkzeuglager mitten in der Heide! Da auf der Heideterrasse ebenfalls Neandertaler lebten, gehen Archäologen davon aus, dass sich diese auch an dieser Werkzeugbank bedienten. Später, im Jahre 1670, errichteten an der Stelle Franziskanermönche eine Klause; die Quarzitplatte diente als Fundament für eines der Gebäude. Bis 1808 war diese Einsiedelei von einigen Ordensbrüdern bewohnt, die vom Betteln lebten, aber es geht das Gerücht, dass sie in ihrer Einsamkeit wussten, wie man Feste feiert, und ihr Lebensstil nicht den Regeln des Franziskanerordens entsprochen haben soll. 1833 wurden die Gebäude auf Geheiß des Kölner Erzbischofs abgerissen, der dem dortigen eher unfrommen Treiben ein Ende setzte. Seither liegt die unzerstörbare Steinplatte frei und lässt die Besucher rätseln, wie im sandigen Boden der Wahner Heide solch ein beachtliches Quarzitvorkommen entstehen konnte.

Nur im Sommer geöffnet ist die Waldgaststätte Heidekönig. Am kleinen Fachwerkhaus holen wir Wein und Flammkuchen und suchen uns einen der wild auf der Wiese verstreuten Tische.

Industrieanlagen Wesseling
Startpunkt:
Bahnhof Godorf
Industriestraße
50997 Köln

SHELL-Raffinerie
Bahnhof Godorf
Industriestraße
50997 Köln

32 Die Romantik des Chemiewerks

Industrieanlagen am Rhein

Sanft schimmern die Lampen des Chemiewerks auf dem still dahinfließenden Fluss, der Himmel strahlt noch schwach tiefdunkelblau, Eisenbahngleise sind in goldgelbes Licht getaucht, und ab und zu zieht ein beleuchtetes Schiff vorbei.

Gemeinhin gelten Chemiewerke nicht als idyllische oder romantische Orte, oftmals stinken und rauchen sie, aber des Abends, in der Dunkelheit, verändern sie ihr Aussehen in ein faszinierendes glitzerndes Lichtermeer. Der Verkehr des Tages fehlt und die Nacht schluckt viele Geräusche. Überall Lampen, glänzende Rohre und angestrahlte Türme. Ob überhaupt noch jemand weiß, welche der unendlich vielen Röhren wohin verläuft und zu welcher Anlage sie gehört? Für uns Betrachter erscheint das Labyrinth aus Stahl und Stein als vollkommen unüberschaubar. Selbst die rauchenden Schlote erscheinen im Abendlicht verträumt und romantisch, oft färben die letzten Sonnenstrahlen den Rauch rötlich. Eine Postkartenidylle? In diesen Momenten, zum Ende des Tages, ist es tatsächlich so.

Wir parken unser Auto auf dem Park-and-Ride-Parkplatz der KVB-Haltestelle Godorf-Bahnhof und fahren mit der Linie 16 eine Station weiter bis Wesseling-Nord. Über die Theodor-Heuss-Straße wandern wir auf breitem Bürgersteig etwa drei Kilometer wieder zurück. Auf einer lang gestreckten Brücke öffnet sich eine gute Aussicht auf die imposanten Chemieanlagen mit Kesseln, Türmen, Rohren und Schornsteinen. Auf der anderen Straßenseite liegt der in goldgelbes Licht getauchte Güterbahnhof, direkt unter uns schimmert dunkel der Rhein. Besonders schön ist der Anblick zur Blauen Stunde nach Sonnenuntergang, wenn der Himmel noch nicht schwarz, sondern dunkelblau gefärbt ist.

Genauso eindrucksvoll ist die nördlich von Wesseling gelegene Shell-Raffinerie. Um sie im Abendlicht zu betrachten, gehen wir vom Park-and-Ride-Parkplatz auf der Industriestraße nach Norden bis zur KVB-Haltestelle Bahnhof Sürth.

Industriedenkmal Schmalspurkohlebahn
Ecke Alstädter Straße/
Werner-Disse-Straße
50354 Hürth
02237 657015 od.
02232 210724

Bleibtreusee mit Wasserskianlage
Bleibtreuseeweg 1
50321 Brühl
02232 22681

33 Als noch Züge voller Kohle fuhren

Industriedenkmal Schmalspurkohlebahn

Wir sehen kaum noch Spuren, aber auch in Hürth wurde einst Braunkohle abgebaut. Etwas südlich von Hürth, in Brühl-Roddergrube, begann sogar die Geschichte der Rheinischen Braunkohlewerke. Hier entstand der erste Tagebau. Ab den 1920er-Jahren wurden Brennmaterial und Abraum immer umfangreicher mit 900-Millimeter-Schmalspurbahnen abtransportiert.

Die Kohle wurde überwiegend ins Güldenberg-Kraftwerk geliefert, das unnütze Gestein landete auf Halden oder diente als Füllmaterial für ältere Gruben. Auf dem Stadtgebiet Hürth endete der Braunkohlebergbau im Mai 1988, als der letzte Zug den ausgekohlten Tagebau *Vereinigte Ville* verließ. Damit war Schluss, und das umfangreiche Schienennetzwerk wurde nicht mehr benötigt. In den neueren Abtragungsgebieten wurde der Materialtransport zunehmend auf Förderbänder verlagert. Natürlich hatten die Hürther Eisenbahnen ihre Anhänger, und so gründete sich bald ein Förderverein, der die Züge als Erinnerung an die Tagebauzeit bewahren wollte. Von *Rheinbraun* kam recht schnell die Zusage, eine Lok und verschiedene Waggons zu schenken. Die Stadt befürwortete das Vorhaben und stellte einen Ausstellungsplatz zur Verfügung, und vom Land NRW kamen Fördergelder. Diverse Hürther Firmen, vor allem ein Kranunternehmen, aber auch *Rheinbraun*, unterstützten das Projekt, und so wurden eine Elektrolok und verschiedene Anhänger aus dem Braunkohlebetrieb auf ein Gleisstück gesetzt und eingezäunt.

Rund um die Uhr können wir sie heute ansehen, eine Führung ist nach Absprache möglich. Seit 1997 führen der Kulturausschuss der Stadt Hürth die Rheinbraun-Lok 1036 und die Waggons als bewegliches Denkmal.

Wo einst Braunkohle abgetragen wurde, fährt man jetzt Wasserski: In den rekultivierten Bereichen des Tagebaus *Vereinigte Ville* liegt der Bleibtreusee, ein beliebter Badesee.

Gotteshülfeteich
Ausgangspunkt: Wanderparkplatz
Wendelinusstraße
Schallmauerweg 87
50354 Hürth

Burg Gleuel
Burgstraße 21
50354 Hürth

34 Zungenhahnenfuß am Seeufer

Gotteshülfeteich

Allein die Namen machen Lust darauf, diese Orte zu besuchen. Da wir aus dem Bergbau christlich anmutende Bezeichnungen gewohnt sind, wundert es uns nicht, dass auch der Gotteshülfeteich ein Relikt des Braunkohlebergbaus ist, der nahezu den gesamten Villebergrücken geprägt hat. Im Loch der Grube Gotteshülfe wurde im Zuge der Rekultivierung im Jahre 1955 das kleine Gewässer angelegt.

Rund um dieses Kleinod führen einige Wanderwege ans südliche Ufer, wo idyllische Plätzchen einladen, die von Seerosen geprägte Natur zu genießen sowie Libellen und Vögel zu beobachten. An der südwestlichen Seite stoßen wir auf die Burg Schallmauer, die sich in Privatbesitz befindet. Die Kölner Domherren hielten sich an diesem Standort schon im 16. Jahrhundert ein Landschloss. Auf Burg Gleuel residierte die Familie Schall von Bell, die auf dem Areal des heutigen Gotteshülfeteichs ein Moorgebiet besaß, das Schallmoor. Mit diesem hat das heutige Gelände nichts mehr gemein, denn im 20. Jahrhundert zog der Braunkohlebergbau vorüber, und die gesamte Landschaft ist künstlich und rekultiviert.

Aber rund um den See, vor allem in einem Feuchtgebiet im Südwesten, haben sich zahlreiche seltene Pflanzen angesiedelt, so der Zungen-Hahnenfuß, der in der Niederrheinischen Bucht als ausgestorben galt. Das Herrenhaus der Burg Schallmauer wurde 1714 nach Plänen des kurfürstlichen Bonner Schlossbaumeisters erbaut und glücklicherweise vom Tagebau nicht erfasst. So ist der Gotteshülfeteich ein feines Beispiel dafür, wie aus einer zerstörten Landschaft wieder ein wertvoller Natur- und Kulturraum werden kann.

Nicht weit ist es zur Burg Gleuel, die in einem wunderschönen Park liegt und von einem Wassergraben umgeben ist. Hier können wir pausieren und davon träumen, wie es sich wohl als Prinzessin in einem Märchenschloss lebt.

Grube Carl
Von-Klespe-Straße
50226 Frechen

Biotop – Lehranlage-Frechen-Rosmarpark
Rosmarstraße
50226 Frechen

35 Wohnen in der Brikettfabrik

Grube Karl

Heute ist Grube Carl ein Stadtteil von Frechen. Ursprung dieses neuen Wohnviertels ist die 1905 errichtete Brikettfabrik, in der ab 1907 Braunkohle zu Briketts gepresst wurde, zu »Klütten«, wie der Rheinländer sagt.

Auf dem Villerücken gelegen und von Zechen umgeben, wurde der Betrieb zum wichtigen Bindeglied zwischen Tagebau und Haushalten, denn immerhin heizten die Rheinländer über 100 Jahre lang mit »Klütten« ihre eigenen vier Wände. In der Fabrik wurde die bergfeuchte Braunkohle getrocknet, in handliche Stücke gepresst und dann an die Haushalte geliefert. 1996 war Schluss mit der Produktion. Die Menschen befeuerten ihre Öfen immer weniger mit Briketts, und die Kohle wurde verstärkt in den mächtigen Kraftwerken des Reviers zur Stromerzeugung eingesetzt.

Teile der Brikettfabrik blieben stehen; das Ensemble wurde leider nicht unter Denkmalschutz gestellt, das Areal zu einem Wohn- und Bürokomplex umgebaut. Ein wichtiges Monument der Industriekultur im Rheinischen Revier wurde somit teilweise zerstört. Einige Gebäude wurden abgerissen, auch einmalige Maschinenanlagen wurden verschrottet, aber das mächtige, aus Ziegelsteinen erbaute Pressen- und Trockenhaus sowie Nebengebäude blieben erhalten. Eines der spektakulärsten Wohngebiete der Region entstand.

Am besten machen wir einen Rundgang um die ehemalige Brikettfabrik, betrachten historische Gerätschaften, das historische Förderband und wunderbar restaurierte Werksanlagen. Auf der gegenüberliegenden Straßenseite spazieren wir durch die ehemalige, heute bewaldete Braunkohletagebaugrube Carl.

Im öffentlichen Rosmarpark liegt eine Naturlehranlage, in der verschiedenste Veranstaltungen über Natur, Tiere und Pflanzen informieren.

Skyhunters Frechen
Besuche nach Voranmeldung
Rotdornweg 20
50226 Frechen
0171 4059919

Ehemalige Brikettfabrik Wachtberg
Frechen-Wachtberg
Ludwigstraße 1
50226 Frechen

36 Der mit dem Adler im Garten

Falknerei Skyhunters

Falkner Ari heißt in Wirklichkeit Mario und sitzt abends gerne mit seinen Greifvögeln im Garten. Gemütlich auf der Bank zwischen Uhu, Wüstenbussarden und Kordillerenadler. 2013 entdeckte er seine Leidenschaft für Greifvögel, heute besitzt er neben den bereits Genannten eine Schleiereule, zwei Steinkäuze und einen Sakerfalken. Wenn andere mit dem Hund rausgehen, geht er eben mit dem Adler raus und lässt ihn über die nahe gelegenen Felder fliegen.

Alle Tiere stammen aus Züchtungen, keines wurde in freier Wildbahn eingefangen. Ari selbst züchtet ebenfalls Vögel, die vom Aussterben bedroht sind, und wildert sie mit Fachleuten der *Gesellschaft zur Erhaltung der Eulen* aus. Zu Aris Skyhunters-Team zählen 20 Mitglieder, die seine Leidenschaft teilen, darunter etliche Falkner, die selbst Greifvögel halten. Die Falknerei in Frechen bietet unter anderem Spaziergänge und Schnupperstunden mit den Tieren an. Wir lernen, dass der Adler gar nicht gerne als König der Lüfte am Himmel seine Kreise zieht. Das strengt ihn an, das kostet viel Energie, er macht es, um Nahrung zu jagen. Am liebsten sitzt er eigentlich an einem schönen Platz und schaut über die Landschaft.

Um die Pflege und Ernährung der Tiere zu sichern, treten die Falkner mit ihren Vögeln auf Mittelaltermärkten und anderen Events auf, wo sie für allgemeines Staunen und Begeisterung sorgen. Falkner Ari und seine stolzen Vögel kann man zudem buchen. Was für ein Geschenk, wenn man einmal einen Bussard streicheln kann oder der Adler nach dem Flug über die Wiese auf der eigenen Hand landet. Ari kommt zu privaten Festen oder arrangiert als erfahrener Fotograf grandiose Shootings mit Greifvögeln in der Natur. Und wer es still mag, setzt sich für ein oder zwei Stunden zum Eulenkuscheln beim Falkner in den Garten.

2022 wurde die Rheinbraun-Brikettfabrik Wachtberg im Rahmen des Braunkohleausstiegs stillgelegt. Das Gelände darf nicht betreten werden, aber Wander- und Radwege führen um das Areal herum und gewähren Einblicke.

Quarzwerke Frechen
Kaskadenweg 40
50226 Frechen
02234 1010

Strandbad Otto-Maigler-See
Zieskovener Straße 85
50354 Hürth
02233 34243

37 Das Material für Traumstrände

Quarzwerke Frechen

Weißer Sand wie an den Stränden der Malediven, fast so weit das Auge reicht, und das vor den Toren Kölns. An diesem Ort wird reinster Quarzsand abgebaut, der sich im Erdzeitalter Oligozän vor etwa 20 Millionen Jahren am Rande der Nordsee ablagerte. Deren Küstensaum verlief damals noch im Raum des heutigen Frechen.

Bedeckt wurde das Material später von Braunkohle, die jedoch wieder verwitterte und abgetragen wurde. Aus diesen Deckschichten jedoch sickerten Lösungen, die die Sande vollkommen ausbleichten und alles weglösten, was kein reiner Quarz war. Deshalb unterscheidet sich der Frechener Sand erheblich von dem der weißen Strände auf den Malediven, mit dem er bis auf die Farbe wenig gemeinsam hat. Er besteht aus reinem Siliziumdioxid, eben aus Quarz, statt aus zahllosen Trümmerteilchen von Muscheln, Schnecken und Korallen, also aus Kalk. Quarz in dieser reinen Form, wie er in Frechen vorkommt, ist ein wichtiger Rohstoff für die Glasindustrie. Er wird in Metallgießereien, in Dentallaboren und in der Pharmaindustrie benötigt, man braucht ihn für Glasfaserkabel und für Computerchips.

Der Tagebau darf nicht betreten werden, aber die Quarzwerke haben ringsherum ausgeschilderte Wanderwege angelegt, entlang derer Aussichtspunkte immer wieder schöne Einblicke erlauben. In der Tiefe sehen wir dann kleine blaue Schaufelradbagger im weißen Sand herumstochern, gelegentlich ziehen Planierraupen vorbei, die wie Spielzeugautos wirken. In den bereits rekultivierten Bereichen siedeln etliche seltene Amphibienarten, Fledermäuse und Wasservögel.

Wer nun Lust auf echten Strand hat, findet ihn im Strandbad am Otto-Maigler-See, ein bisschen südlich von Frechen. Allerdings: Hier ist der Sand aufgeschüttet.

Glessener Höhe
Startpunkt: Zum Sonnenberg
Zu Fuß Richtung Himmelsleiter
50259 Pulheim

Glessener Mühlenhof
Glessener Mühlenhof 1
50129 Bergheim
02238 9693007

38 Der Weg in den Himmel

Glessener Höhe

Direkt neben Glessen liegt der einst höchste Gipfel des Rheinlandes: Die Glessener Höhe entstand aus dem Nichts, als sich vor Jahrzehnten die Braunkohlebagger bei Bergheim in die Tiefe gruben. Zwischen 1955 und 1970 wurde der Aushub des Tagebaus Fortuna-Garsdorf auf Halde gekippt, und es entstand der damals höchste Berg der Niederrheinischen Bucht mit 205,9 Metern. Heute wird die Erhebung allerdings von der Sophienhöhe, der Abraumhalde des Tagebaus Hambach, mit über 300 Metern deutlich überragt.

Eine schier endlose Treppe, die manche von uns zum Japsen bringt, führt von Dansweiler bergauf. Dort auf der Glessener Höhe, fast neben dem höchsten Punkt, steht auf 204 Metern ein Gipfelkreuz mit Gipfelbuch, in das sich diejenigen eintragen, die es tatsächlich hinaufgeschafft haben. Wer an dieser Stelle steht, genießt einen unfassbaren Blick auf Köln und die Kölner Bucht. Vom Aussichtspunkt schauen wir auf das Bergische Land und das Siebengebirge am Horizont, direkt unter uns liegt Köln. Selten waren wir im Rheinland dem Himmel näher.

Der Weg zu den Wolken ist einfach – vom Parkplatz immer nur geradeaus –, und das ist ein Vorteil, denn dieser Ort garantiert vor allem morgens bei Sonnenaufgang ein besonderes Erlebnis. Wenn wir im Dunkeln auf der Halde stehen, der Himmel allmählich zu glühen beginnt und sich der rote Sonnenball am Horizont nach oben schiebt.

Natürlich lassen sich auf dem Berg längere Touren unternehmen, aber wir wollen lieber die Morgenröte bei einem Picknick auf uns wirken lassen. Glücklicherweise stehen am Gipfelkreuz ein Tisch und ein paar Bänke. Und wenn dann die Sonne hinter dem Kölner Dom aufgeht, dann schmeckt das Frühstücksbrötchen aus dem Rucksack wahrlich himmlisch.

Geheimtipp: gemütlicher Ausklang bei Kaffee, Kuchen und Grunzen im Glessener Mühlenhof, einem familienfreundlichen Erlebnisbauernhof mit Schweinen und Pferden, Spielplätzen, Strohscheune, Hofladen und Café.

Renaturierte Erft
Zum Biotop
50127 Bergheim

Braunkohlekraftwerk Niederaußem
Werkstraße
50129 Bergheim
0800 833830

39 Fluss wird wieder Fluss

Renaturierte Erft

Über die Jahrhunderte wurde die Erft begradigt, umgebaut und durch Wehre begrenzt. Seit 1954, als die großen Braunkohletagebaue den Betrieb aufnahmen, wird deren Sümpfungswasser über die Flüsse Erft, Inde, Rur und den Merzbach abgeleitet. Das Grundwasser wird abgepumpt, damit die Tagebaue nicht voll Wasser laufen. Bis heute führt die Erft zu einem erheblichen Anteil dieses umgeleitete Grundwasser.

Wenn nach 2030 der Braunkohleabbau enden wird, werden mit der Zeit auch die Pumpen abgeschaltet. Damit die Erft dennoch ein lebensfähiges Gewässer bleibt, muss sie sich verändern, sie kann nicht mehr nur ein Kanal sein, durch den das Wasser in den Rhein geleitet wird, sie muss wieder ein vollwertiger Fluss werden. In den nächsten 40 Jahren wird sie deshalb grundlegend umgestaltet. In Bergheim-Kenten wurde damit begonnen: Bereits 1,3 Kilometer wurden vollständig renaturiert. Die Erft verfügt auf diesem Abschnitt wieder über breite Auengebiete, sie kann mäandrieren und bietet einen vollkommen neuen Lebensraum für Fische und zahlreiche Tier- und Pflanzenarten. Zudem stellt sie bei Hochwasser ein wichtiges Reservoir dar.

Für uns ist das nicht nur ein lehrbuchhaftes Beispiel, wie von Menschenhand zerstörte Natur wiederhergestelltwerden kann. Für uns ist das Ufer ein traumhafter Ort, um in der Natur zu verweilen und zu träumen. Durch die Straße Zum Biotop gelangen wir an den Erftflutkanal, der hier zur renaturierten Erft wird. Wir finden zahlreiche Stellen, an denen wir am Ufer sitzen und den Fluss beobachten können, die vielen großen Fische, die aus dem Wasser springen und nach Insekten schnappen.

Ob man die Kraftwerke als faszinierend oder als Dreckschleudern empfindet, mag jeder selbst entscheiden. Gesehen haben sollte man eines: ein Braunkohlekraftwerk. In Niederaußem kommen wir ganz nahe heran.

Schloss Paffendorf
Burggasse 1
50126 Bergheim
02271 75120100

Alt-Kaster
Hauptstraße 81
50181 Bedburg
0157 88058577

40 Dem Braunkohlewald ganz nah

Schloss Paffendorf

1230 wird die Vogtei Paffendorf das erste Mal urkundlich erwähnt, im 16. Jahrhundert wurde Schloss Paffendorf gänzlich aus Backsteinen errichtet. Der wunderbare Prachtbau im Renaissancestil mit einem zweigeschossigen Herrenhaus und einer Vorburg ist von Wassergräben umgeben, typisch für die Herrensitze in der Erftniederung und angrenzenden Teilen des Rheinlandes. Mitte des 19. Jahrhunderts wurde das Gebäude im gotischen Stil umgestaltet. 1958 standen die Bagger des Tagebaus Fortuna-Garsdorf am Rande des Schlossparks, da verkaufte die letzte Hausherrin, Marietta Freifrau von dem Bongart, die Residenz und die dazugehörigen Ländereien an Rheinbraun (heute RWE Power AG).

Seit 1976 dient Schloss Paffendorf als Informations- und Veranstaltungszentrum von RWE Power und steht heute sorgfältig renoviert als historisches Schmuckstück in der einstigen Tagebaulandschaft. Eine feine Brasserie lädt zum Essen ein, regelmäßig finden Märkte und andere Events statt, und die Räumlichkeiten können für eigene Veranstaltungen gebucht werden. Ansässig ist zudem die RWE-Forschungsstelle Rekultivierung, deren Team aus den weggebaggerten Landschaften und Abraumhalden ökologisch wertvolle neue Landschaften plant und herstellen lässt.

Im Schlosspark wurden Bäume angepflanzt, die möglichst der Vegetation des Miozäns entsprechen, also dem Erdzeitalter vor Millionen Jahren, in dem die Wälder hier wuchsen, aus denen später die Braunkohleflöze entstanden. So wandeln wir durch dieses Arboretum zwischen Mammutbäumen und Sumpfzypressen und wähnen uns in vorgeschichtlichen Zeiten. In den Teichen beobachten wir Kröten und Schildkröten, manchmal schießt ein Eisvogel ins Wasser.

Nur ein paar Autominuten nördlich liegt die Ortschaft Alt-Kaster, einer der zauberhaftesten Orte der Braunkohleregion, der seit dem Mittelalter (nahezu) unverändert ist.

Tagebau Hambach
Forum Terra Nova
Kerpener Straße/
Nordrandweg
50189 Elsdorf
02274 7057940

41 Das größte Loch Europas

Tagebau Hambach und Aussichtspunkt Terra Nova

In 400 Meter Tiefe sehen wir das Flöz. Was für ein gewaltiges Loch gruben die Bagger, um an Braunkohle zu gelangen. 1978 wurde die erste Schaufel gebaggert, erst Jahre später die erste Kohle gefördert. Seitdem wächst zwischen Bergheim und Jülich das größte Loch Europas. Früher stand an dieser Stelle ein alter Wald, der Hambacher Wald, dessen kleiner Rest ein jahrelanges Politikum erster Kategorie darstellte. Am Aussichtspunkt Terra Nova öffnet sich ein fantastischer Blick in den Tagebau. Sieben Schaufelradbagger stehen dort und bewegen scheinbar endlose Erdmengen. 240.000 Kubikmeter schafft die größte Maschine am Tag. 100 Meter ist diese hoch und wirkt tief unten dennoch wie ein Spielzeug, 21 Meter Durchmesser misst ihr Schaufelrad. Über kilometerlange Förderbänder wird die Kohle transportiert. Die obere Schicht aus Sand und Kies, die im Erdzeitalter Tertiär von der Nordsee an diesem Ort abgelagert wurde und über die der Rhein zusätzlich seine Geröllfracht schüttete, wird am anderen Ende des Tagebaus durch Absetzer direkt wieder abgekippt. Dadurch ist die Sophienhöhe entstanden, mit über 300 Metern der größte Berg am Niederrhein.

Insbesondere in der Dunkelheit, wenn Bagger, Absetzer und Förderbänder hell beleuchtet sind, ist der Anblick äußerst imposant. Uns bleibt es, zu staunen und darüber nachzudenken, ob wir den Tagebau als unfassbar große Landschaftszerstörung oder als ingenieurtechnische Meisterleistung ansehen. 2030 soll Schluss sein mit dem Braunkohleabbau und der Tagebau Hambach durch eine dreirohrige Pipeline mit 4,3 Milliarden Kubikmetern Wasser aus dem Rhein über mehrere Jahrzehnte befüllt werden – mit 3.550 Hektar wird dann das nach dem Bodensee zweitgrößte Binnengewässer Deutschlands entstehen.

Weitere Aussichtspunkte in den Tagebau und auf die Sophienhöhe sind entlang des Nordrandweges ausgeschildert und in wenigen Minuten mit dem Auto erreichbar.

Marienfeld
Startpunkt: Wanderparkplatz bei Burg Mödrath (ausgeschilderter Fußweg)
An Burg Mödrath 3
50171 Kerpen

Boisdorfer See
Startpunkt: Wanderparkplatz bei Burg Mödrath (ausgeschilderter Fußweg)
An Burg Mödrath 3
50171 Kerpen

42 Der Papst im Tagebau

Marienfeld

Ein schlichter Hügel mitten auf dem Acker, eine zehn Meter hohe Aufschüttung inmitten des seit 2003 rekultivierten Tagebaus Frechen. Aus einer Tiefe von 250 Metern wurde einst Braunkohle gefördert; wieder verfüllt wurde die Grube mit dem Abraum des neuen Tagebaus Hambach. Die Anhöhe selbst ist nicht unbedingt spektakulär, so ganz ohne Aussichtspunkt, von dem aus sich ein Fernblick lohnt. Und dennoch ist dieser Hügel ein viel besuchter Ausflugsort und zumindest kirchengeschichtlich ausgesprochen imposant. Inmitten des 260 Hektar großen, 2005 angelegten Marienfeldes hielt im selben Jahr Papst Benedikt XVI. am 20. und 21. August Messen anlässlich des Weltjugendtages.

Benedikt, der deutsche Papst, kam zum Weltjugendtag nach Köln, und Köln stand Kopf. Hunderttausende säumten die Straßen und wollten zu seiner Messe. Köln war zu klein, nirgendwo wäre Platz für solch ein Ereignis gewesen, aber nur ein Stück vor den Toren der Stadt, in den rekultivierten Tagebauen, waren riesige Ackerflächen vorhanden. Das Marienfeld wurde zu diesem Zweck für eine Million Besucher vorbereitet. Die komplette Infrastruktur wurde neu geschaffen, aus der gesamten Region führten Pilgerwege dorthin, und dann kam der Papst, und mit ihm kamen weit über eine Million Gläubige, um seinen Worten zu lauschen.

Wenn man heute oben auf dem Hügel sitzt, stellt sich doch tatsächlich ein besonderes Gefühl ein. Ringsum wandern wir dieser Tage durch blühende Wiesen, vorbei an kleinen Seen und Wäldchen. Ein Naturparadies und Lebensraum für reichhaltige Fauna und Flora. So ist im ehemaligen Tagebau ein wunderbares Naherholungsgebiet mit einem außergewöhnlichen Ambiente entstanden.

Nordwestlich des Marienfeldes liegt der Boisdorfer See, ein Tagebaurestsee, der bei der Rekultivierung angelegt wurde. Er ist verträumt und meist einsam, am Ufer sitzt es sich entspannt und viele Libellen sind zu beobachten.

Schloss Türnich mit Café
Schloss Türnich 1
50169 Kerpen
02237 974691

Radweg Wasserburgen-Route
Acht Etappen durch Eifel, Jülicher Börde und Rheinische Bucht

48 Perle im Land der Wasserburgen

Schloss Türnich

Zwischen Köln, Bonn und Aachen erstreckt sich das Land der Wasserburgen. In nahezu jeder zweiten Ortschaft steht ein Exemplar. Ob Burg oder Schloss – umgeben von wildromantischen Parks und Wassergräben sind sie reine Naturparadiese, Lebensräume für Vögel und zahlreiche andere Tiere.

Viele dieser Bauwerke befinden sich in Privatbesitz und können nur von außen betrachtet werden. Der gut ausgeschilderte Radweg *Wasserburgen-Route* führt an 120 Anlagen vorbei. Das vielleicht schönste Wasserschloss, das des Grafen Severin von und zu Hoensbroech, ist das einzige noch vollständig erhaltene Barockschloss im Rheinland und öffentlich zugänglich. Die eigentliche Residenz ist seit 1979 unbewohnbar, die Grundwasserabsenkungen durch den Braunkohletagebau fügten ihr schwere Schäden zu. 2009 wurde das Gebäude mit Unterstützung der NRW-Stiftung gesichert; die gräfliche Familie lebt im herrschaftlichen Seitenflügel. Der Park verzaubert mit alten Bäumen und Blüten. Wenn frau Prinzessin sein wollte, dann hier. Mächtige Weiden lassen ihre Äste ins Wasser hängen, Vögel und Fische tummeln sich; romantischer kann die Welt nicht sein.

Eine prächtige Allee führt auf Schloss Türnich zu, nach Überqueren des Wassergrabens gelangen Besucher in den inneren Bereich mit großem Kräutergarten und Café. Allein dieses lohnt eine Etappe auf der *Wasserburgen-Route*. Die Speisen mit Zutaten aus Biolandwirtschaft sind kreativ und vorzüglich, das Ambiente im Schlosshof ist märchenhaft. Der Schlossherr möchte sein Anwesen zu einem Erlebnisraum umgestalten und dort anderen Menschen zeigen, wie nachhaltige Landwirtschaft funktionieren kann.

Eine Radtour auf der gut ausgeschilderten, 380 Kilometer langen *Wasserburgen-Route* führt sicher und ohne nennenswerte Steigungen von Schloss zu Schloss. Die Homepage kann auch als Katalog zur Besichtigung einzelner Burgen benutzt werden.

Naturparkzentrum Gymnicher Mühle
Gymnicher Mühle 10
50374 Erftstadt
02237 6388020

Falknerei Pierre Schmidt
Gymnicher Mühle 10a
50374 Erftstadt
0172 1773443

44 Abenteuer für Naturforscher

Erlebniszentrum Gymnicher Mühle

1315, wahrscheinlich noch früher, wurde die Gymnicher Mühle am Lauf der Erft erbaut. Der Abt von Siegburg gab sie den Herren von Gymnich als Lehen. Das heutige Gebäude, teils aus dem 18., teils aus dem 19. Jahrhundert, steht unter Denkmalschutz. Heute beherbergt das historische Bauwerk ein Naturforscherzentrum für jedermann. Gefördert wird das alles vom Naturpark Rheinland, dem Erftverband und dem Rhein-Erft-Kreis.

Kinder, Erwachsene und Familien können ganze Tage und Ferienfreizeiten verbringen; sie untersuchen das Wasser und seine Lebewesen, gehen dem Wachstum der Pflanzen auf die Spur. Es wird mikroskopiert, gesammelt, seziert und inspiziert, im Bach, auf der Wiese, rundherum. Kinder prüfen die Wasserqualität und lernen in Filmen und Projekten draußen im Gelände, wie ein gesundes Gewässer aussehen soll und was darin alles lebt, gedeiht, schwimmt und kriecht. Stundenlang geht es auf Schatzsuche mit alten Karten und modernen GPS-Geräten; Outdoor-Abenteuer bei jedem Wetter, und weil diese so spannend sind, haben die Kids selbst bei Regen Lust darauf.

In der professionell ausgestatteten Lehrbäckerei wird Brot gebacken; selbst geknetet und in den Ofen geschoben schmeckt das doppelt so gut. Wer es beschaulich mag, schaut sich im großen Garten um und lernt viele Pflanzen und Kräuter kennen, macht die Augen zu und genießt den Duft aus zahllosen Blüten. Nur 100 Meter entfernt fließt die Erft. Der Abschnitt an der Mühle wurde auf fünf Kilometern Länge renaturiert, sodass der Fluss wieder vollkommen uneingeschränkt mäandrieren kann. Und jeder kann im Rahmen des Erftforscherprojekts beobachten, wie sich denn die Natur hier entwickelt.

Auf dem Weg von der Gymnicher Mühle zur renaturierten Erft kommen wir an einer Falknerei vorbei, in der wir ein Falkner-Seminar machen oder eine Flugschau ansehen können.

Historischer Ortskern von Lechenich
Startpunkt:
Bonner Tor
Bonner Straße 30
50374 Erftstadt

Karauschenweiher
50374 Erftstadt

45 Wo Prinz und Prinzessin wohnen

Historischer Ortskern von Lechenich

In einem Buch, das Bonn im Titel trägt, darf der Erftstädter Stadtteil Lechenich nicht fehlen. Die Bonner Straße führt mitten hindurch, vorbei am Bonner Tor. Das Örtchen ist so schmuck, dass man es kaum glauben mag: Die Promenade am Wasser erinnert an niederländische Grachten, die Häuschen sind so hübsch und gepflegt, dass man direkt einziehen möchte.

Die kleinen, verstreut und teils idyllisch gelegenen Spielplätze laden zu einem Familienausflug ein. Der Minigolfplatz hat etwas Patina angesetzt, dafür erinnert er an die Anlagen aus der eigenen Kindheit, und er funktioniert ganz ausgezeichnet. Was ebenfalls ausgezeichnet ist, sind die frischen Waffeln, die man hier bekommt. Der Biergarten mit Nordseestrandkorb ist einfach gemütlich. Die Laternen in Lechenich sind mit Blumenarrangements geschmückt, und die Blütenpracht an so manch einem Gebäude ist derart üppig, dass dafür gleich mehrere Bewohner einen grünen Daumen haben müssen. Der Marktplatz ist ein Schmuckstück; mittwochs und samstags findet dort der Wochenmarkt statt. Ringsum laden mehrere Lokale zur Einkehr.

Nun ist man fast schon wieder raus aus Lechenich, hinaus geht es vorbei am Herriger Tor – ein Besuch darf aber nicht ohne einen Abstecher zum Schlosspark bleiben. Man kann ihn in zwei Abschnitte unterteilen: einen lichten, offenen, mit breiten ebenen Wegen und einen schattigen, verwunschenen Teil mit hohem Baumbestand und schmalen, hügeligen Wegen. Von hier aus kann man einen Blick auf die Landesburg Lechenich erhaschen, die allerdings nicht öffentlich zugänglich ist. Und um die Geschichte noch märchenhafter zu machen: Hier wohnen ein Prinz und eine Prinzessin!

Wer sich von Lechenich aus mit dem Fahrrad zurück in Richtung Köln begibt, könnte einen Zwischenstopp beim bezaubernden Karauschenweiher einlegen. Direkt neben dem bekannteren Liblarer See gelegen, ist er ein recht unbekanntes Kleinod.

Schlosspark Gracht
Fritz-Erler-Straße 1
50374 Erftstadt

Gesundheitsgarten Erftstadt Liblar
Durchgehend zugänglich
50374 Erftstadt

46 Prachtvolle Grünkorridore

Schlosspark Gracht

Lieblingsplätze zwischen Bonn und Köln, und immer wieder lassen sich Brücken in die eine oder in die andere Stadt schlagen. So auch bei Schloss Gracht, einem der prachtvollsten Wasserschlösser der Region. Es ist der Geburtsort von Carl Schurz, der später an der Universität Bonn studierte. Die Residenz kann nicht besichtigt werden, doch der umrahmende Park ist öffentlich zugänglich und besticht durch seine Ästhetik. Betreut wird er vom *Förderverein Schlosspark Gracht.*

Die Grünanlage steht unter Natur- und unter Denkmalschutz und wurde zusätzlich durch die Zugehörigkeit zur *Straße der Gartenkunst zwischen Rhein und Maas* geadelt. Das Auge findet attraktiv gestaltete Sichtachsen, wie bei den Bänken beim Brunnen inmitten des Runds von Bergmammutbäumen zum Schloss hin. Mehrere der beeindruckenden Riesen wachsen an diesem Ort gen Himmel und sind ihm näher als so manch anderer Baum. Ein kleiner Spielplatz, Brücken und ein Wasserlauf verleihen dem Park eine idyllische Anmutung.

Der Schlosspark Gracht wird umschlossen vom Stadtgarten und vom Gesundheitsgarten. Sie sind Teil des Projektes *RegioGrün,* das Natur- und Freiflächen in der Großstadtregion Köln/Bonn sichert und vernetzt. Die Anlagen befinden sich auf dem sogenannten Dritten Grüngürtel, einer neuzeitlichen Erweiterung des Inneren und Äußeren Grüngürtels Kölns, die einst Konrad Adenauer und Fritz Schumacher initiierten. Der Gesundheitsgarten bietet neben Stationen zu Sinneserfahrungen wie einem Barfußpfad, einem Summstein und einem Kräutergarten auch einen Planetenweg und schließt mit mehreren Skulpturen ein künstlerisches Element ein.

Im Gesundheitsgarten kann man das Kretische Labyrinth durchschreiten, welches sich passenderweise neben der Skulptur *Ariadnefaden* befindet.

Swister Turm
Am Swisterberg 27
53919 Weilerswist
02254 3322

Landschaftsschutzgebiet Villewälder
53919 Weilerswist

47 Narzissen, Pilger, Stille und Geselligkeit

Swister Turm

Es ist nur ein kurzes Stück zu Fuß vorbei an Häusern und durch den Wald, dann rückt ein gepflegtes Plateau ins Sichtfeld: rundherum Bänke, Liegebänke, eine Lindenallee, die sich den Hang bis zur Straße hinunterzieht, schmucke alte Straßenlaternen, die von einem Bauhof gerettet wurden – und natürlich der schlanke, weiß getünchte Swister Turm, einst Teil einer Kirche.

Im Frühjahr blühen hangseitig Narzissen; wie ein gelber Teppich bedecken sie die grüne Wiese. Die gepflasterte Freifläche vor dem Turm zeichnet den Grundriss des ehemals größeren Kirchengebäudes nach. Bei Ausgrabungen konnten darunter Grundmauern freigelegt werden. Das Bauwerk wurde 1223 erstmals urkundlich erwähnt; vorher befand sich an dem Standort bereits ein Holzbau aus dem 9. Jahrhundert und davor ein Tempel, der Diana, der römischen Göttin der Jagd und Fruchtbarkeit, gewidmet war.

Der Turm ist schon seit geraumer Zeit eine Wallfahrtsstätte, und heute noch kommen Pilger hierher. Nicht immer aber sahen Bauwerk und Plateau so makellos aus wie heute. Im Jahr 2002 gründete sich der Verein *Swister Turm* und setzte es sich zum Ziel, Verfall und Verwilderung Einhalt zu gebieten. In einem selbst gebauten Holzhaus direkt nebenan lagern die Vereinsmitglieder Gerätschaften, die zur Pflege benötigt werden.

Rund um den Swister Turm wird aber nicht nur gearbeitet, es wird auch gefeiert: Zu Pfingsten beispielsweise findet ein mehrtägiges Fest statt. Als wäre es nicht so bereits schon ein Lieblingsplatz, genießt man zudem noch eine schöne Aussicht. Zweimal am Tag läutet ein eigens hierfür zuständiger Glockenbeauftragter per Fernsteuerung die Glocke, die hoch oben im Turm hängt.

Die umliegenden Villewälder bieten sich für Wanderungen an.

Burg Heimerzheim
Kölner Straße 1
53913 Swisttal
02254 9582580

Das Soziale Kaufhaus Swisttal-Heimerzheim
Breniger Straße 3
53913 Swisttal
02254 6004805

48 Umgeben von Wasser

Burg Heimerzheim

Seit Mitte des 13. Jahrhunderts liegt am Swistbach die Wasserburg Heimerzheim. Gegründet wurde sie von denen zu Heimerzheim als befestigte Hofanlage. 1324 verkaufte der Ritter Wennemar von Heimerzheim die Burganlage an den Deutschen Ritterorden. Über die Jahrhunderte wechselten die Eigentümer, sie bauten die Residenz aus und erweiterten sie. Seit 1825, seit sechs Generationen, befindet sich das Anwesen nun im Besitz der Freiherrn von Boeselager. Bekannte Vertreter des Geschlechts sind Georg und Philipp Freiherr von Boeselager – beide stammen von der Burg –, die Widerstandskämpfer gegen das NS-Regime und am gescheiterten Attentat auf Adolf Hitler am 20. Juli 1944 beteiligt waren.

Heute gilt die äußerst gut erhaltene Residenz als einer der schönsten Prachtbauten des Rheinlandes. Als typische Wasserburg der Region verfügt sie über eine Vor- und eine Hauptburg, die von Wassergräben umgeben und über Brücken erreichbar sind. Da sich das Anwesen in Privatbesitz befindet, darf es nicht betreten werden. Doch ein Rundweg führt um die Burg herum, vorbei an einigen naturbelassenen Teichen, durch einen schönen Park. Im Graben tummeln sich größere Fische und Schildkroten, Wasservögel bauen ihre Nester.

Die Burg kann allerdings gemietet werden, sei es für Events jeder Art oder gar für die eigene Hochzeit, immerhin gibt es ein gewidmetes Hochzeitsgemach. Ein Hotel lädt ein für den ein oder anderen entspannten Tag, natürlich mit der Möglichkeit, die historischen Anlagen genau kennenzulernen. Die Flutkatastrophe 2021, bei der auch der Swistbach gewaltig über die Ufer trat, verursachte in Burg Heimerzheim erhebliche Schäden, die aber wieder behoben worden sind.

In Swisttal-Heimerzheim befindet sich ein besonderes Kaufhaus: ein Sozialkaufhaus, in dem Second-Hand-Artikel angeboten werden.

Berggeistweiher und Lucretiasee
Startpunkt:
Wanderparkplatz am
Landgasthaus Birkhof
Am Birkhof
50321 Brühl

Phantasialand
Berggeiststraße 31–41
50321 Brühl
02232 36600

49 Seenplatte im alten Tagebau

Berggeistweiher und Lucretiasee

Romantische Seen und Weiher gibt es zahlreiche in der Ville, einem Höhenzug in der Niederrheinischen Bucht. Sie alle zu entdecken ist ein langwieriges, doch lohnendes Unterfangen. Einige sind groß und bekannt, verfügen über Freibäder und Campingplätze, viele aber sind beschaulich und versteckt und fußläufig zu erreichen.

Bei Brühl begann der Abbau in kleinen Kohlegruben, er wanderte im Laufe der Jahrzehnte nach Norden, wo wir heute auf den Tagebau Hambach stoßen, den größten seiner Art in Europa. Die Brühler Binnengewässer sind Tagebaurestseen, was bedeutet, dass sie keine mit Wasser vollgelaufenen Gruben sind, sondern im Zuge der Rekultivierung der Landschaft angelegt wurden. Das Loch, das durch den Braunkohleabbau entstanden war, wurde wieder verfüllt, indem der Abraum aus dem nächsten Tagebau hineingeschüttet wurde. So verschwanden die Gruben wieder, es entstanden neue Landschaften, in Brühl eine ganze Seenlandschaft.

Wir sehen keinerlei Felsen, nur Sand und Kies. Dies war auch ursprünglich so: Über der Braunkohle lagen Rheingerölle, denn einst floss an dieser Stelle der Rhein entlang. Nur: Das Geröll, das jetzt den Boden bildet, befand sich ursprünglich ein paar Kilometer weiter. Wir umwandern eines der schönsten Gewässer, den Berggeistweiher. Auf dem großen Wanderparkplatz am Landgasthof stellen wir den Wagen ab und gehen am Ende des Parkplatzes neben der Birkhofkapelle hinunter zum Lucretiasee. Auch der ist malerisch gelegen und wirkt gerade im Morgennebel sehr romantisch, allerdings beeinträchtigt der Lärm der nahen Autobahn die Idylle. Am Berggeistweiher hören wir die Geräusche nicht mehr und spazieren auf einem schmalen Pfad immer direkt am Ufer entlang. Zahlreiche pittoreske Plätzchen laden dazu ein, innezuhalten und auf das Wasser zu schauen.

Direkt um die Ecke liegt das Phantasialand, einer der größten Vergnügungsparks Europas.

Hexenturm und Gerichtslinde
Walburgisstraße 20
53332 Bornheim
Führungen von: Historisches
Walberberg e. V.
02227 1691

Welterbestätte
Schlösser Brühl
Parkplatz Max-Ernst-Allee
50321 Brühl

50 Ein gar gruseliger Ort

Hexenturm und Gerichtslinde

Im Jahre 1200 schon stand an dieser Stelle eine starke Burg, von der nur noch der Bergfried erhalten ist. Von der Straße gelangen wir über den Friedhof zu diesem sogenannten Hexenturm, und an einigen Markierungen erkennen wir, dass hier auch der Römerkanal-Wanderweg entlangführt.

Dieses Meisterwerk römischer Ingenieurskunst wurde von Germanen im Mittelalter als Steinbruch missbraucht und zerstört. Auf diese Weise wurde das wichtigste Baumaterial für den Hexenturm beschafft. Für die Kirche Sankt Walburga und das Kloster nebenan wurden ebenfalls Steine des Römerkanals verwendet. Im Rückschluss nutzte man statt des klaren Eifelwassers, das über den Kanal hierhergeleitet worden war, zweifelhafte Trinkquellen.

Der Name des Turms hat nichts mit mittelalterlichen Hexenverbrennungen zu tun, vielmehr wurde er erst zur Zeit der Rheinromantik Anfang des 19. Jahrhunderts ins Leben gerufen. Über zwei Meter dick sind die Mauern des Bauwerks. Der einstige Zugang lag in großer Höhe und wurde über eine hölzerne Treppe erreicht. Vor dem Turm und dem Kloster, an der heutigen Straße, wurde Recht gesprochen. Die Urteilsfindungen fanden damals öffentlich statt und sollten abschreckend auf das Volk wirken, übernahmen jedoch in jener kinolosen Zeit auch die Funktion der Volksbelustigung. Unter der Gerichtslinde wurden Straffälle verhandelt. An der Kirchhofmauer wurden zu Kirchenstrafen Verurteilte am Pranger festgebunden. Härtere Schuldsprüche wurden etwas weiter weg am nordöstlichen Ortsausgang vollstreckt, dort stand der Galgen. Über den Blauen Stein, einen Basaltklotz, der jetzt neben der Linde steht, wurden einst die Verurteilten gestoßen; er stand früher am Schwadorf-Sechtemer Verbindungsweg.

Nördlich von Walberberg liegen die Brühler Schlösser. Das Rokokoschloss Augustusburg, einst Residenz des Kölner Kurfürsten, und das Jagdschloss Falkenlust gehören zum UNESCO-Weltkulturerbe.

Ringwall und Aldeburg
Startpunkt: Wanderparkplatz
Vinzenzstraße
53332 Bornheim
Richtung Keltischer
Ringwall und Kerbtal

Café Trebellii
Holzweg 3
53332 Bornheim
02227 9292797

51 Doch keine Kelten

Ringwall Merten und Aldeburg

Im Wald bei Merten liegt ein Ringwall, Teil der historischen Aldeburg. Erstmals im Jahre 1530 urkundlich erwähnt, wurde diese Anlage wahrscheinlich im frühen Mittelalter von den Franken errichtet. Ob es sie schon deutlich früher gab, darüber rätseln die Archäologen.

Immer wieder werden Spekulationen laut, es könnte sich um eine keltische Festung handeln. Dass die Kelten in dieser Region siedelten, ist bekannt, aber ihre Ära dauerte von 800 v. Chr. bis etwa zur Eroberung der Region durch die Römer um 52 n. Chr. Zu diesem Zeitpunkt ging das Keltenreich praktisch im Römischen Reich auf. Von Norden her drängten die Germanen ins Gebiet, für Kelten war kein Platz mehr. Sie gingen nicht unter, sie verloren sich einfach unter den anderen.

Wir suchen nun die Aldeburg im Buchenwald und stoßen auf den großen Ringwall, einen fast vier Meter hohen Damm, umgeben von einem Graben. Drei Zugänge sind noch erkennbar, der Haupteingang liegt an der Nordwestecke des Ovals. Das Gebiet war früher nicht bewaldet, vielmehr wurde der Wald gerodet, denn man wollte schließlich sehen, wer sich näherte, und einem Feind keinerlei Versteck ermöglichen. Insofern wird die Fläche rund um die Fliehburg weithin busch- und baumfrei gewesen sein. Auf dem Wall standen hölzerne Palisaden. Vielleicht war der Graben befüllt; er endet in einem sumpfigen Wasserloch. Um den Graben schmiegt sich ein Vorwall mit einer weiteren Vertiefung davor. All dies spricht für eine klassische Fliehburg, wie es sie im Rheinland an vielen Orten gab. In der Anlage werden Hütten gestanden haben; nahte ein Feind, konnte sich die Bevölkerung hierhin zurückziehen und sich verteidigen.

Mittelalterliche oder keltische Spuren zu suchen, verlangt Belohnung. Es gibt sie im recht schnuckeligen Café Trebellii in Form von Kuchen, Kaffee und großen Eisbechern.

Heinrich-Böll-Wanderweg
Startpunkt:
Heinrich-Böll-Platz
53332 Bornheim

Grab von Heinrich Böll
Alter Friedhof Merten
Martinstraße/Auelsgasse
53332 Bornheim

52 Auf der Spur des Nobelpreisträgers

Heinrich-Böll-Wanderweg

Er hat seine Lebensstationen in seine Romane und Kurzgeschichten eingebunden, beispielsweise Köln mit dem Rosengarten im Fort X in *Gruppenbild mit Dame,* Bonn mit den Stufen des Hauptbahnhofs in *Ansichten eines Clowns* und Bornheim in *Oblomow auf der Bettkante.* Im Teilort Merten verbrachte Heinrich Böll seine letzten Lebensjahre bei seinem Sohn René. Postum wurde dem Literaturnobelpreisträger nun die Ehre zuteil, dass ein knapp drei Kilometer langer Wanderweg nach ihm benannt wurde.

Der Rundkurs führt vom Heinrich-Böll-Platz in Merten über das ehemalige Wohnhaus an der Martinstraße hinauf zum Schloss Rösberg und hinab zum Mertener Friedhof, wo der Autor und seine Frau Annemarie begraben liegen. Anlass für die Namenstaufe – die einen angenehmen Nebeneffekt mit sich brachte, nämlich die Sanierung des Weges zwischen Merten und Rösberg – war der 100. Geburtstag des Schriftstellers, den er 2017 gefeiert hätte.

Doch die Route trägt nicht nur den Namen Bölls, man wandelt darauf auch auf dessen Spuren. Hinweistafeln am Mertener Heinrich-Böll-Platz und an der Von-Weichs-Straße in Rösberg informieren über die Gegebenheiten und Sehenswürdigkeiten entlang der Strecke. Über QR-Codes kann man in die Geschichte von *Oblomow auf der Bettkante* abtauchen, in der Böll einen Spaziergang auf ebendiesem Weg zwischen Merten und Rösberg beschreibt. Ebenfalls abrufbar über QR-Codes sind Zeitzeugeninterviews, für die Schüler der Europaschule Bornheim mit Mertener Bürgern gesprochen haben. Beim barocken Rösberger Schloss liegt einem die Kulturlandschaft des Vorgebirges zu Füßen. Der Blick reicht bis zum Rheintal und zum Siebengebirge.

Die Äste einer großen alten Eiche ranken sich heute schützend über das Grab von Böll und seiner Frau Annemarie. Die zwei grauen Basaltsteine mit den Namensgravuren sehen schlicht aus; das Kreuz mit den bunten Figuren – Erde, Sonne, Mond und Sterne – kommt verspielt und ein bisschen exotisch daher.

Kohlfelder beim Wasserturm Rösberg
Theisenkreuzweg
53332 Bornheim

Ziegenhof Rösberg
Weberstraße 12
53332 Bornheim
02227 931418

53 »Kappes« für Köln

Kohlfelder beim Wasserturm Rösberg

Köln ohne »Kappes« geht nicht, der »Kappes« (Kohl) ist ein kölsches Grundnahrungsmittel. Und von irgendwo muss der Kohl ja herkommen, und zwar »vun dä Kappesboore uss dem Vürjebirch«, also den Gemüsebauern aus dem Vorgebirge. Das Wort »Kappes« allerdings wird in Köln auch gerne als abfällige Bezeichnung für dummes Gequatsche verwendet: »Nä – dä schwaad vell Kappes«. Wichtig also zu wissen, woher der »Kappes« denn wirklich stammt.

Wir besuchen dazu die Felder zwischen Rösberg und Metternich. Wir parken in Rösberg, wandern am unübersehbaren Wasserturm vorbei, der 1919 hier, auf dem höchsten Punkt des Villehöhenzugs, von den britischen Alliierten nach dem Ersten Weltkrieg erbaut wurde. Er versorgte die Rösberger Bürger bis 1970 mit Frischwasser, steht seit 1986 unter Denkmalschutz und befindet sich seit Beginn der 1990er-Jahre in Privatbesitz. In der Folge wurde er zum Wohnhaus umgebaut. Während wir den Blick nach oben schweifen lassen, überlegen wir, wie es wohl ist, Getränkekisten nach oben zu schleppen. Selbst der Wassertank, der obenauf von einer achteckigen, teilweise verschieferten Fassade umgeben ist, wird bewohnt. Neben seiner Bedeutung als weithin sichtbare Landmarke ist der Turm eben wegen der landesweit einmaligen Bauweise ein Highlight für die Region.

Für die Tour durch die Felder in Richtung Metternich bieten sich vor allem der Sommer und der Herbst als idealer Zeitpunkt an. Im Mai bis zum Johannistag im Juni wird Rhabarber geerntet, Weißkohl und Rotkohl werden von September bis in den November eingefahren und stehen so lange auf den Feldern. Bis an den Horizont reiht sich »Kappes« an »Kappes«, und der Gedanke an köstliche Eintöpfe lässt das Wasser im Munde zusammenlaufen. Beim nächsten Marktbesuch in Köln oder Bonn ist klar, woher die Kohlköpfe kommen.

Nur ein paar Hundert Meter sind es bis zum Ziegenhof Rösberg, natürlich gibt es dort Ziegenkäse, aber auch Ziegen-Yoga, Esel, diverse Events und Kindergeburtstage.

Burgruine Hemmerich
Jennerstraße 47
53332 Bornheim

Obstbaumuseum
Bonn-Brühler-Straße 14
53332 Bornheim

54 Schaurig-schöner Lost Place

Burgruine Hemmerich

Wir erwarten jeden Moment Geheimagenten in wilder Verfolgungsjagd oder zumindest einige Ritter, die zur Verteidigung der Festung auftauchen. Aber es herrscht Ruhe – außer wenn tatsächlich gerade gedreht wird, denn die Burgruine Hemmerich und der Gutshof nebenan können für Filmarbeiten gemietet werden. Sind wir also nicht erstaunt, wenn uns die Kulisse aus einem historischen Streifen oder einem Krimi bekannt vorkommt.

Ab 1360 bewachte die Festung Hemmerich den alten Heerweg zwischen Bonn und Aachen, und schon in der Antike befand sich an dieser Stelle ein kleines römisches Kastell. 1945 wurde die Anlage durch einen Brand zerstört und verblieb in dem verfallenen Zustand bis heute. Betreten werden darf die Ruine leider nicht, dennoch ist ihr Anblick von der Straße und vom Friedhof nebenan imposant. Seit dem Mittelalter existiert die Ruhestätte mit urig alten Grabsteinen und ciner Kapelle, die unter Denkmalschutz steht. Eine schattige, besinnliche Idylle, die direkt am Römerkanalwanderweg liegt und für zahlreiche Wanderer einen schönen Platz zur Rast bietet.

Interessant ist die Friedhofsmauer, die aus allen nur denkbaren Gesteinen gebaut wurde, vor allem aus Steinen des antiken Römerkanals, der Köln mit frischem Wasser aus der Eifel versorgte. Die Nachfahren der Germanen hatten jedoch für römische Baukunst kein Verständnis und nutzten daher das architektonische Meisterwerk als Steinbruch und stattdessen oftmals zweifelhafte Quellen zum Trinken. Und so finden sich die meist versinterten Gesteine des Römerkanals in zahlreichen historischen Bauwerken im gesamten Rheinland.

Das Land auf dem Villerücken ist die Obst- und Gemüsekammer des Rheinlandes. Da bleibt es nicht aus, dass der Geschichte des Obstanbaus ein Museum in Bornheim gewidmet wurde.

Kinder- und Hochzeitswiese Naturschutzgebiet Rheinmittel-terrassenkante
Pickelshüllenweg
53332 Bornheim

Biergarten Vorgebirgsblick
Händelstraße 45
53332 Bornheim
02227 905333

55 Für alle, die man gernhat

Kinder- und Hochzeitswiese Rheinmittelterrassenkante

Am Pickelshüllenweg in Sechtem steht eine Bank mit einer herrlichen Aussicht. Hier eröffnet sich der Blick auf die vierte Kinder- und Hochzeitswiese auf Bornheimer Stadtgebiet. Hochstämmige Obstbäume wachsen an diesem Ort, hauptsächlich alte Sorten, gepflanzt von Eltern für ihren Nachwuchs, von Großeltern für ihre Enkel, von frisch Vermählten füreinander. Sie sind Zeichen der Liebe und Verbundenheit: Ein Baum wird gepflanzt, der Stammbaum fortgesetzt. Im Frühjahr, zur Blütezeit, ist der Anblick der Apfel-, Birnen-, Kirsch- und Pflaumenbäume bezaubernd.

Es bleibt aber nicht beim Pflanzen, die Bäume bedürfen auch der Pflege, so wie Kinder Fürsorge benötigen. In den ersten fünf bis zehn Jahren sollte einmal im Jahr ein Erziehungsschnitt erfolgen. Danach sind gelegentliche Erhaltungsschnitte ratsam. Der angenehmste Teil der Arbeit aber – der Teil, der Früchte trägt – ist die Ernte. Wie die Pflanzung ist dies ein Erlebnis, das in Erinnerung bleibt. Für Kinder ist es eine lehrreiche Erfahrung, das Wachstum der Pflanzen zu verfolgen und die Herkunft von Nahrungsmitteln nah miterleben zu können. Wie oft sind sie entfremdet von diesen natürlichen Prozessen.

Die Flächen, auf denen die Streuobstwiesen entstanden sind, wurden als Ausgleich für Eingriffe durch Baumaßnahmen erworben; versiegeltem Boden ein ökologisch wertvoller Raum entgegengesetzt. Da auf den Obstwiesen nicht gespritzt wird, können sich zahlreiche Tiere ansiedeln, in erster Linie Vögel und Insekten. Ihre Bedeutung für die Artenvielfalt, die klimaschützende Funktion, der Erhalt alter Obstkultursorten – all das geht an diesem Ort Hand in Hand –, so wie die Familienmitglieder, die die Bäume gepflanzt haben.

Der direkt an der Apfelroute gelegene Biergarten Vorgebirgsblick bietet eine schöne Möglichkeit zur Einkehr. Außerdem kann man Boule spielen und die Kinder finden einen Spielplatz.

Eichenkamp
Startpunkt: Uedorfer Weg
53332 Bornheim

Hallenfreizeitbad Bornheim
Rilkestraße 3
53332 Bornheim
02222 9959128

56 Von Kräuteräckern umzingelt

Eichenkamp

Ein kleines Landschaftsschutzgebiet zwischen Bornheim und der Autobahn, nicht unbedingt spektakulär, doch gerade das macht seinen Reiz aus. Eine verträumte Schonung, in der entgegen der ersten Vermutung wenig Eichen, aber sehr schöne Buchen wachsen. Ein hübscher Laubwald, durch den es sich in Ruhe spazieren und dabei träumen lässt.

Nur wenige Menschen wandeln umher oder führen ihren Hund aus. Man betrachtet die Bäume, genießt das Alleinsein. Und schon ist die Kursgebühr fürs Waldbaden gespart. Es ist still, im Hintergrund dringen die Geräusche von der nahen Autobahn ans Ohr, was jedoch nicht stört. Zahlreiche Vögel leben im Eichenkamp, oft beobachten wir Buntspechte, die oben in den hohen Buchen im Holz hacken. Und weil der Forst nicht groß ist, können wir uns auch nicht verlaufen.

Rundum lässt sich erkennen, warum die Gegend auch Kölns Gemüsegarten genannt wird. Der Wald ist umringt von Feldern, die sich ebenfalls für eine Runde zu Fuß eignen. Auf ihnen wächst all das, was einige nur aus dem Supermarkt kennen: Spargel, Kürbisse, Petersilie, Schnittlauch, Erdbeeren, und die Apfelbaumplantagen sind nicht weit. Und das ist spannend, zumindest für Städter. Einen Kürbisacker mag der ein oder andere schon gesehen haben, aber ein ganzes Feld voller Schnittlauch oder Petersilie ist für die meisten sicherlich ein unbekannter Anblick.

Erreichbar ist der Eichenkamp über den Uedorfer Weg, wo zahlreiche Parkmöglichkeiten vorhanden sind. Durch die Felder führt der Weg in das sichtbare Waldgebiet.

Wer nach der Tour Erfrischung braucht, taucht im Freizeitbad Bornheim unter oder springt dort vom Turm ins angenehm temperierte Nass.

Driftblock
Ecke Hohlenberg/Klippe
53332 Bornheim

Reiterhof Bornheim
Brombeerweg 35
53332 Bornheim

57 Größter Stein des Rheinlandes

Driftblock in Brenig

Im alten Ortskern von Brenig stoßen wir auf Fachwerkhäuser, alte Bauernhöfe und eine schicke Kirche. Einmalig aber ist ein gewaltiger Driftblock an einer Straßenkreuzung – den der Heimatverein dort platziert hat.

Es ist einer der gewaltigsten Steine des Rheinlandes. Seine Größe beträgt etwa vier mal zwei mal einen Meter, er wiegt etwa 28 Tonnen und liegt mitten im Ort. Gefunden wurde er nur ein kleines Stück weiter bei Bauarbeiten im Stationenweg und wurde 1995 an die heutige Stelle gebracht. Nahezu unvorstellbar, dass der Rhein ihn dorthin gespült hat, aber das ist schon etwa 300.000 Jahre her und passierte während der Mindel-Kaltzeit im Erdzeitalter Pleistozän.

Driftblöcke sind keine Findlinge, auch wenn sie in Gartenbaubetrieben oftmals als solche bezeichnet werden. Findlinge wurden von den nordischen Eispanzern aus Skandinavien ins Rheinland geschoben, allerdings bestenfalls nur bis kurz vor Düsseldorf; dort nahmen die weitesten der nordischen Eisvorstöße ein Ende. Driftblöcke hingegen lösten sich im Mittelrheintal von den Felswänden des Rheinischen Schiefergebirges und rutschten am Rheinufer auf mächtige Eisschollen. Sobald der Fluss genug Wasser führte, wurden die Schollen mit den Steinblöcken den Rhein entlang geschwemmt, bis sie an anderer Stelle, wie hier auf dem Gebiet des heutigen Bornheims, strandeten. Die Eisscholle und der Felsbrocken blieben liegen, Letzterer wurde von Rheinschottern bedeckt und viele Jahrtausende später in einer Kiesgrube wieder ausgegraben. Driftblöcke sind demnach in der Regel aus Quarzit, dem Gestein des Rheinischen Schiefergebirges, während Findlinge aus dem Norden aus Gneis oder Granit bestehen.

Auf den Höhen über Brenig lässt es sich wunderbar spazieren gehen. Auf weiten Weiden tummeln sich edle Pferde. Und tatsächlich tummeln sich dort auch einige Kamele.

Bioland Apfelbacher
Tombergstraße 1
53332 Bornheim
02222 9271618

Rheintalblick
Heerweg
53332 Bornheim

58 Erdbeeren, so weit das Auge reicht

Bioland Apfelbacher

Kinder sitzen auf Planen zwischen Erdbeerstauden, glückselig. Eine sorgfältig gepflückte Frucht wandert in die mitgebrachte Schale, eine in den Mund. Wer könnte es ihnen verdenken, als Erwachsener kann man sich schließlich nur mit Mühe beherrschen. Die Erdbeeren sehen einfach zu gut aus: reif, rot, saftig. Auf diesem Feld kann man völlig die Zeit vergessen. Von einer Staude zur nächsten spazieren, immer auf der Suche nach den schönsten Exemplaren.

Ist die Hose an den Knien dann rot und man selbst müde und verschwitzt, zieht man weiter in den Hofladen. Dabei braucht das Lächeln nicht aus dem Gesicht zu weichen, denn selbst geerntete Erdbeeren sind günstiger als im Geschäft erworbene. Welch ein wunderbares Familienerlebnis mit preiswertem, gesundem und schmackhaftem Obst.

Wer noch nicht bei Bioland Apfelbacher war, der wird beim ersten Besuch über die Weitläufigkeit des Geländes erstaunt sein. Es kommt vor, dass man auf dem Weg zu den Erdbeerfeldern nach dem Weg zu den Erdbeerfeldern gefragt wird! Es gibt zwar Wegweiser, es kann aber trotzdem passieren, dass man vom Weg abkommt – und auf einmal Johannisbeeren, Kirschen, Brombeeren oder Himbeeren pflückt. Auch verschiedene Gemüsesorten, Salate und Kräuter können selbst geerntet werden; auf der Tafel vor dem Hofladen steht, was gerade freigegeben ist. Die Mitarbeiter unterstützen mit Hinweisen und Rezeptideen. Die Kinder können sich zwischendurch auf den Wiesen austoben, rutschen oder auf einem ausgedienten Traktor herumklettern; die Eltern erledigen gleich noch den Einkauf im Hofladen. Ein perfekter Tag!

Rheintalblick und Vorgebirgsblick sind schöne Aussichtspunkte in der Nähe des Hofes.

Kamelleboom
Ecke Alfterer Hufebahn/Pützweg
Parken: WIWeB (Polizeiliches Übungsgelände)
Ende Bornheimer Straße
53913 Swisttal

Vogelbeobachtung an der Schutzhütte Waldkrankenhaus
N 50.71482° E 006.97179°
Breite Allee
53347 Alfter

59 Schlaraffenland im Villewald

Der Kamelleboom bei Alfter

Von Eltern und Kindern gleichermaßen zum Lieblingsplatz auserkoren – und was könnte es für einen schöneren Ort geben als den, an dem alle Familienmitglieder glücklich sind? Er liegt mitten im Wald, im Naturschutzgebiet Apfelmaar, und das bedeutet zusätzlich Bewegung an der frischen Luft. Diese Kombination lässt in den allermeisten Fällen alle zufrieden heimgehen.

Der Kamelleboom und seine süßen Geheimnisse werden niemals an Aktualität verlieren, denn, egal ob analoges oder digitales Zeitalter, der Nachwuchs ist immer begeistert, wenn es eine Leckerei gibt. Was man oben hineinwirft, bleibt den Eltern überlassen. Kleinere Kinder mögen noch an das Wunder des Süßigkeiten spendenden Baumes glauben, und ältere sind trotzdem entzückt, Wunder hin oder her. Es ist eben wie bei Ostern und Weihnachten: Auch wenn man nicht mehr an den Osterhasen oder an das Christkind glaubt, freut man sich trotzdem über die gemeinsam verbrachte Zeit und über die Geschenke.

Wie kam es nun zu diesem Baumwunder? Laut mündlicher Überlieferung geht der Brauch, seine Kinder am Kamelleboom mit Süßigkeiten zu beschenken, auf die Zeit zurück, in der Marktfrauen aus der Region ihre landwirtschaftlichen Erzeugnisse nach Köln brachten und dort verkauften. Auf dem Rückweg wurden sie am Kamelleboom von ihren Kindern begrüßt – die waren in der Hoffnung hergelaufen, dass ihre Mütter ihnen Leckereien vom Markt mitgebracht hätten. Um die Übergabe spannender zu gestalten, wurde der Umweg über den Baum gewählt. Heute fällt das Naschwerk durch ein Kunststoffrohr hinunter. Vor dem Ausflug sollte man also daran denken, kleine eingepackte Naschereien mitzunehmen.

Mitten im Wald gelegen, erreichen wir den Kamelleboom am besten auf der fünften Etappe des Römerkanalwanderweges. Im Winter ausgesprochen reizvoll ist das Waldkrankenhaus, eine Schutzhütte nur 200 Meter abseits des Römerkanalwanderwegs. Hier werden in vielen Vogelfutterhäuschen die Waldvögel versorgt – eine bessere Möglichkeit zur Vogelbeobachtung ergibt sich selten.

Friedensweg Alfter und mittelalterliche Hangmotte
Hühnerbuschweg

Herrenhaus Buchholz
Buchholzweg 1
53347 Alfter

60 Gedenkstätte des Rebellenbluts

Friedensweg Alfter

Wilhelm Maucher war Obst- und Gemüsebauer in Alfter und Friedenskämpfer, verfolgt von den Nationalsozialisten. In jener dunkeln Zeit rief er zu Frieden und Freiheit auf. In der späteren Bundesrepublik war er in verschiedensten Parteien und Bewegungen aktiv. Als Vorgebirgsrebell war Maucher bekannt, als kritischer Mitbürger nicht überall beliebt, und da er seinen Lebensunterhalt zum Teil mit dem Keltern von Brombeerwein verdiente, bekam er den klangvollen Namen »Rebellenblut«.

Zwischen Alfter und Roisdorf bei Bonn schuf er einen Friedensweg, einen besinnlichen Pfad mit Gebotstafeln inmitten blühender Pflanzen, überragt von einer gewaltigen Statue des segnenden Christus, gesäumt von Ruheplätzen. 2009 verlangte ein neuer Besitzer des Geländes das Abräumen der Route, was einen Aufschrei in weiten Kreisen der Bevölkerung und der Lokalpolitik hervorrief. Seitdem kümmert sich der *Förderverein Haus der Alfterer Geschichte* um die Gedenkstätte als kulturellen Teil der Heimathistorie.

Nebenan befindet sich ein alter jüdischer Friedhof mit scheinbar uralten Grabsteinen. Nur wenige 100 Meter führen zum Aussichtspunkt Böhling. Gemütliche Sitzbänke laden zum Verweilen ein, und die Blicke schweifen weit über Bonn, das Rheintal und das Siebengebirge. Direkt hinter dem Aussichtspunkt stoßen wir im Wald auf die Hangmotte Alfter, Reste einer als Bodendenkmal eingestuften frühmittelalterlichen Höhenburg. Erdwall und Graben sind noch sehr gut zu erkennen. Die Fliehburg war wahrscheinlich Fluchtpunkt der Herren de *Halechtre* (Ritter von Alfter), die etwa ab dem Jahre 1110 die Burg Alfter bewohnten. Aus diesem Rittergeschlecht ging unter anderem die Familie von Metternich (mit dem Löwenwappen) auf der Wasserburg Metternich hervor.

Auf dem Rundweg *Rebellen op Jück* passieren wir das prächtige Herrenhaus Buchholz, an dem auch das Auto am besten abgestellt wird. Hier finden wir eine feine mietbare Eventadresse mit Einkehrmöglichkeit in der Gartenwirtschaft Buchholz.

Flugplatz Hangelar
YOUFLY Flugsimulator
Köln/Bonn
Richthofenstraße 124
53757 Sankt Augustin
02241 9557995
Scheibner Ranch
Husarenstraße
53757 Sankt Augustin

61 Nur Fliegen ist schöner!

Flugplatz Hangelar

Eine Brise weht durchs Haar – dafür muss man nicht auf das Rennrad im Deutschen Sport- und Olympiamuseum in Köln steigen, das in einem Windkanal steht. Es ist ebenfalls nicht notwendig, sich dafür auf die Domplatte zu stellen oder hoch auf die Aussichtsplattform des KölnTriangle Cologne View zu fahren. Man positioniert sich stattdessen am Flugplatz Hangelar neben dem Zaun und wartet, bis ein Hubschrauber startet oder landet.

An dieser Stelle kommt man Helikoptern so nah, dass der Luftzug, der durch die drehenden Rotorblätter erzeugt wird, einem gehörig die Frisur durcheinanderwirbeln kann. Deutlich weniger Wind verursachen die Segelflugzeuge; sie zu beobachten ist aber ebenfalls spannend. Für manche Kinder ist diese Erfahrung so beeindruckend, dass sie den nahe gelegenen Spielplatz beinahe vergessen. Dabei bietet er abwechslungsreiche Bewegungsmöglichkeiten; es gibt sogar ein Kletterflugzeug! Angenehm für die Eltern: Eine Möglichkeit zur Einkehr ist vorhanden, und zwar direkt am Spielplatz.

Wer möchte, darf am Flugplatz Hangelar mitfliegen, zum Beispiel im Helikopter oder im Gyrocopter. Ein Abenteuer für eine besondere Gelegenheit! Es haben schon Hochzeiten hoch oben über den Wolken stattgefunden! Wem das Abheben zu gewagt erscheint, der kann auf den Flugsimulator *YOUFLY* ausweichen. Man vergisst zeitweise, dass man nicht wirklich an Bord sitzt – so realistisch stellt sich das 3-D-Flugerlebnis dar. In einem originalgetreuen Cockpit eines Airbus A320 bedient man nach einer Einführung selbst die allesamt funktionsfähigen Hebel und Schalter. Sämtliche Flughäfen der Welt können angesteuert und die Wetterverhältnisse sogar voreingestellt werden – mit zu viel Wind sollte man jedoch vorsichtig sein, es könnte die Landung erschweren!

Bis zur Scheibner Ranch ist es nicht weit. Lamas, Ziegen und Ponys freuen sich über Besuch. Am Ostersonntag findet ein Osterfest statt.

Alpakas an der Siegmündung
Thelengasse 73
53859 Niederkassel
0173 5342350

Mondi Beachbar
Rheinallee 27
53859 Niederkassel-Mondorf
0228 450090

62 Flauschige Wegbegleiter

Alpakas an der Siegmündung

Nur ein Getreidefeld und ein Weg trennen das Grundstück, auf dem sieben Alpakas zu Hause sind, vom Rhein. Ein idyllisches Fleckchen in Niederkassel, an dem gerne Wanderer und Radfahrer vorbeikommen und bei den kleinen flauschigen Kamelen haltmachen.

In den Sommermonaten wird man auf der Straße vor dem Tor mit der Aufschrift »Alpakas an der Siegmündung« von einem Froschkonzert begrüßt. Die Frösche leben allerdings in einem Teich bei den Nachbarn. Auf dem Anwesen gelangt man über einen Hof auf die Terrasse. Hier wird Kaffee und Kuchen serviert, wenn man eine Festivität mit Alpaka-Begleitung gebucht hat. Zwischen Mammutbäumen und Rosenbüschen kann bestens gefeiert werden. Nach Absprache wird individuell geplant, mit etwas Vorlaufzeit muss gerechnet werden. Dafür darf die Gruppe unter sich bleiben.

Gerne werden Kindergeburtstage gefeiert; und dabei hat sich schon manch lustige Situation ergeben. Alpakas sind neugierige Tiere. Sie üben aber auch eine beruhigende Wirkung aus, wie auf eine vierjährige Besucherin, die nach ausgiebigem Streicheln einschlief, an eine liegende Alpakadame angelehnt. Marie, die Alpakastute, verharrte ruhig, um ihre neue kleine Freundin nicht aufzuwecken.

Die Tiere haben auf dem Gelände viel Platz und sie werden artgerecht gehalten. Haben sie einmal schlechte Laune, sieht man es ihnen an – ihre Unterlippe hängt dann herunter. Das kommt aber selten vor. Die Alpakas genießen offensichtlich ihr Leben mit Anschluss an die sechsköpfige Familie, die sie hegt und pflegt. Und im Normalfall hebt sich die Stimmung aller Beteiligten, sobald die Alpakas die Bühne betreten. Sie sehen auch einfach zu knuffig aus, egal ob geschoren und ganz schlank oder als flauschige Wollbällchen auf vier Beinen.

In der Nähe, wunderschön direkt am Rhein gelegen, befindet sich die Mondi Beachbar. Der perfekte Ort für einen entspannten Nachmittag im Liegestuhl.

Siegmündung
Anfahrt mit der
Rheinfähre Mondorf
Fähranlegestelle
Graurheindorf
Milchgasserweg 22
53117 Bonn

Eiscafé Immacolata
Rheinallee 2–6
53859 Niederkassel
0228 218392

63 Alleskönner der Natur

Siegmündung

Das Gebiet rund um die Siegmündung ist ein Tausendsassa in Sachen Lieblingsplätze; als Ausflugsziel die Eier legende Wollmilchsau. »Was gibt es hier nicht?« wäre schneller zu beantworten als die umgekehrte Frage. Manche Ortsnamen und Begrifflichkeiten rund um die Siegmündung geben allerdings Rätsel auf – was ist beispielsweise mit »Pfaffenmütze« gemeint und was versteht man unter einer »fliegenden Brücke«?

Um vom linken Rheinufer überzusetzen, bietet sich die Rheinfähre Mondorf an. Das ist ein guter Start, da sich vor einem die ganze Pracht der Wasserlandschaft entfaltet, und man hat ein wenig Zeit, um sie anzuschauen. Bei so manchem fahren Erinnerungen mit; einige wurden auf der Internetseite unter »Fährgeschichten« festgehalten. Es gibt sogar Bastelbögen für das bunt bemalte Mondorfer Schiff. Auch die »fliegende Brücke« ist ein besonderes Wasserfahrzeug an der Siegmündung, nämlich eine historische Einmann-Gierfähre bei Bergheim. Das Übersetzen mit dem kleinen Personenkahn ist zwar nur kurz, aber unbedingt empfehlenswert.

Als »Pfaffenmütze« wiederum wird im Volksmund das Kemper Werth bezeichnet, eine Landzunge zwischen dem Rhein und der Sieg. Neben Fisch wird an dieser Stelle auch SUP(p)e(n) geschätzt – nur befindet sich weder das eine noch das andere auf einer Speisekarte. Das Fischereimuseum Bergheim/Sieg informiert unter anderem über die Geschichte der Fischereibruderschaft in der Region, und mit SUP ist Stand-up-Paddling gemeint, eine Sportart, die gerne zwischen Mondorfer Yachthafen und Kemper Werth mit einem Brett auf dem Wasser ausgeübt wird. Wen die starke Strömung nicht zu sehr beansprucht, der kann dabei optimal das Panorama genießen. Neben Spaziermöglichkeiten durch die Siegaue bieten sich zahlreiche Freizeitbeschäftigungen an, wie zum Beispiel Minigolf.

Direkt an der Fähranlegestelle in Mondorf liegt das Eiscafé Immacolata.

Rheinufer bei Bonn-Schwarzrheindorf
Startpunkt: Parkplatz
Petrusstraße 36
53225 Bonn

Doppelkirche Sankt Maria und Sankt Clemens
Dixstraße 41
53225 Bonn

64 Schätze des Flusses

Rheinufer bei Schwarzrheindorf

Soweit das Auge reicht, ziehen sich die Strände voller Kieselsteine das Ufer entlang – natürlich nur, wenn der Fluss kein Hochwasser führt und die Rheinwiesen überflutet sind. Aus ganz Deutschland bringt der Rhein diese Gerölle mit; seine Nebenflüsse liefern ebenfalls Material.

Hunderte von Kilometern wurden die Gesteine vorwiegend im Pleistozän, dem Eiszeitalter, den Strom hinabgerollt. Geologen können sogar die verschiedenen Kaltzeiten in den Geröllen wiedererkennen. Wir suchen aber nach den außergewöhnlichen Funden. Neben gewöhnlichen Geröllen aus Granit, die aus dem Schwarzwald stammen, neben roten Eisenerzen von der Lahn und Quarziten aus der Eifel sind dies vor allem Zähne und Knochen eiszeitlicher Tiere: Hirsche, Rentiere, Pferde und Mammuts. Immer wieder mal funkeln Halbedelsteine hervor: bunte Achate, die sich vor 280 Millionen Jahren bei gewaltigen Vulkanausbrüchen in den Lavaströmen des Saar-Nahe-Berglandes bildeten und von der Nahe in den Rhein gespült wurden. Nicht immer ist es einfach, sie zu erkennen, wenn sie verschlammt sind; ihre besondere Schönheit offenbart sich manchmal erst im Anschliff. Selten sind Bergkristalle und kleine Kristalldrusen. In grauen und braunen Sandsteinen aus dem Rheinischen Schiefergebirge entdecken wir Muscheln, Brachiopoden und versteinerte Korallen des Erdzeitalters Devon. Sie sind 360 Millionen Jahre alt. Weiße Kalke aus Tausenden Millimeter kleinen Schnecken kommen aus der Gegend von Wiesbaden und der einzige Stein, der nicht am Grunde des Rheinflussbetts entlangrollt, sondern auf dem Wasser schwimmt, ist Bims, die Lava des Laacher-See-Vulkans.

Ins Auge sticht die Doppelkirche St. Maria und St. Clemens fast neben dem Parkplatz, 1151 vom Kölner Erzbischof Arnold von Wied errichtet, eine der berühmtesten Kirchen des Rheinlandes.

Kennedybrücke
Kennedybrücke/Brassertufer
53111 Bonn

Konditorei-Café Wilhelm Kleimann
Rheingasse 16–18
53113 Bonn
0228 633460

65 Streit und Versöhnung

Kennedybrücke mit Brückenmännchen

Brücken haben für Städte, die am Fluss liegen, naturgemäß eine große Bedeutung. Besonders dann, wenn der Strom trennt, was eigentlich zusammengehört. So ist es in Bonn, und so ist es in Köln: jeweils eine Stadt, zwischen deren Bezirken mal mehr, mal weniger Wasser fließt. In Bonn ist es die mittlere der drei Rheinüberquerungen, die die Stadtmitte und das Zentrum des Stadtbezirks Beuel miteinander verbindet. Das war nicht immer so.

Die alte Überführung endete auf Beueler Seite in den Feldern – und genau das war Anlass für Zwistigkeiten zwischen Bonn und dem damals noch selbstständigen Beuel, die dazu führten, dass die Beueler ihren Anteil an den Kosten der Bauarbeiten verweigerten. Die Bonner errichteten also das Bauwerk allein, befestigten aber daran ein Brückenmännchen, das seinen Allerwertesten in Richtung Beuel streckte und damit die unterlassene Zahlung stumm und doch beredt kommentierte. Auf Beueler Seite revanchierte man sich mit dem Brückenweibchen.

Und so trennt der Fluss weiter, was eigentlich zusammengehört: Brückenmännchen und Brückenweibchen. Jemand hatte ein Einsehen und montierte an der Beueler Hochwasserschutzmauer ein weiteres Brückenmännchen, unweit des Brückenweibchens. So sind sie wenigstens in Hörweite und können sich munter streiten. Sie übernehmen das stellvertretend für die Bonner und die Beueler, die sich schon vor langer Zeit versöhnt haben. Denn die Beueler zahlten schlussendlich doch noch ihren Anteil an der Brücke. Besonders schön ist es auf der Kennedybrücke bei Sonnenauf- und Sonnenuntergang. Aber auch dazwischen wird gerne auf der Brücke verweilt.

In der Konditorei Wilhelm Kleimann bekommt man das Brückenmännchen aus Marzipan! Auch anderes Naschwerk mit Lokalkolorit findet sich, gut geeignet als Mitbringsel.

Alter Zoll
Brassertufer
53113 Bonn

Biergarten Alter Zoll
Brassertufer
53113 Bonn

66 Der schönste Treffpunkt

Alter Zoll

»Wir treffen uns am Alten Zoll!« – ein gern gesagter Satz in Bonn, aus dem allerdings nicht klar hervorgeht, ob der Biergarten oder die ehemalige Bastion der Stadtbefestigung gemeint ist. Da sie so nahe beieinanderliegen, ist das nicht weiter schlimm; man wird sich finden.

Der Bereich um Bastion und Biergarten ist für viele Bonner ein Lieblingsplatz, und sie führen auch gerne Gäste hierher, genießt man doch von der leicht erhöhten Lage einen wunderbaren Blick auf den Rhein, die andere Rheinseite sowie das Siebengebirge. Einige Schiffe ankern direkt unterhalb am Ufer, und wer Glück hat, der sieht das blau-grüne Fahrgastschiff *Moby Dick* vorbeiziehen – das ist ein besonderer Moment, immerhin ist dessen Optik von dem Weißwal inspiriert, der 1966 im Rhein bei Bonn gesichtet wurde.

Der Alte Zoll hat auch ein Innenleben: Ihn durchzieht ein Gewölbegang. Einladender und jederzeit zugänglich ist der oberirdisch gelegene Teil. Die beiden Salutkanonen der Bastion werden von Kindern mit Vorliebe als Klettergerüste zweckentfremdet. Auf den friedliebenden Zeitgenossen mögen sie aus der Zeit gefallen und fehl am Platze wirken. Aus ihnen ist jedoch nie ein scharfer Schuss abgegeben worden. Die ebene Fläche zwischen Stadt- und Biergarten wird als Spielfeld für Boule genutzt. Im Sommer finden an diesem Ort die Stadtgartenkonzerte statt; im Winter wird weiter oben zur Straße hin eine Schlittschuhbahn aufgebaut.

Auf dem weitläufigen Platz lohnt es sich zu verweilen, insbesondere wenn die Dämmerung sich herabsenkt und die Lichter die gegenüberliegende Rheinseite erstrahlen lassen.

Natürlich empfehlen wir den Biergarten Alter Zoll! Im Sommer immer ein wunderbarer Ort für Gespräche, für eine Pizza und ein Kaltgetränk.

Mineralogisches Museum Poppelsdorfer Schloss
Meckenheimer Allee 169
53115 Bonn
0228 732761

HARIBO-Shop Bonn
Am Neutor 3
53113 Bonn

67 Im Reich der Kristalle

Mineralogisches Museum im Poppelsdorfer Schloss

Seit ewigen Zeiten schätzen die Menschen Kristalle. Es sind Halbedelsteine, Edelsteine; sie schmücken die Kronen königlicher Häupter und stapeln sich in geheimnisvollen Schatzkammern. Eine solche befindet sich im Kurfürstlichen Schloss in Bonn-Poppelsdorf: Dort ist nicht nur das Mineralogische Institut der Universität untergebracht, sondern auch das Mineralogische Museum, ein Juwel erster Güte und eines der ältesten Museen im Rheinland.

In den prächtigen Sälen des Schlosses und in alten Vitrinen werden Tausende Kristalle und bald 200 Meteoriten ausgestellt. Sensationell ist das größte Ausstellungsstück des Museums: das größte Tigerauge der Welt. Die kleineren Exponate sind nicht minder faszinierend: Kristalle aus allen Teilen der Welt in allen nur denkbaren Farben und Formen. Wer sie gesehen hat, der wird Mineraliensammler werden wollen; der wird zu Hause im Wohnzimmerregal Kristallgruppen aufstellen und sie selbst suchen wollen. Fundorte liegen quasi neben dem Museum: im Siebengebirge, zudem in der Eifel, in den Alpen, aber auch auf der anderen Seite der Erde: in australischen Gruben und in Gebirgsklüften des Himalayas. Das Schöne ist, jeder von uns kann sie finden – obschon Stücke wie in diesen Vitrinen eher im Reich der Träume bleiben werden.

Und schon geht es hinaus zu den Schätzen der Welt, die meist irgendwo unterirdisch im Verborgenen liegen, die aber für unsere Existenz so extrem wichtig sind. Denn nahezu alles, was wir im Leben verwenden, hat seinen Ursprung in den Mineralien, Erzen und Kristallen der Erde – auch das zeigt die Sammlung im Mineralogischen Museum.

Etwas aus Bonn mit Weltruhm: HARIBO – Abkürzung für Hans-Riegel-Bonn. Neben dem Neutor, einem historischen Stadttor, liegt das Paradies für Leckermäuler, der HARIBO-Laden.

Botanische Gärten der Universität Bonn
Meckenheimer Allee 171
53115 Bonn
0228 735523

Poppelsdorfer Allee
53115 Bonn

68 Heimat en miniature

Botanische Gärten der Universität Bonn

Das gelb blühende »Rheinische Brillenschötchen« hat nicht nur einen besonders amüsanten Namen, es ist auch eine besondere Pflanze. Ihre Bezeichnung gibt bereits einen Hinweis darauf, was sie so außergewöhnlich macht: Sie wächst ausschließlich im Rheinland und zählt damit zu den wenigen und seltenen Endemiten der Region.

Endemiten besiedeln begrenzte Areale, im Gegensatz zu Kosmopoliten. In Extremfällen überschreitet ihr Lebensraum kaum das Ausmaß eines Fußballfeldes. Warum das zu einem Problem werden kann, ergibt sich rasch aus der Notwendigkeit städtebaulicher Veränderungen. Wie schnell ist eine Fläche dieser Größe versiegelt und bebaut und damit ein Biotop verschwunden. In den Botanischen Gärten in Bonn wurde unter anderem deswegen ein Bereich angelegt, in dem heimische Pflanzen unbehelligt wachsen dürfen und erhalten werden. Seltene und gefährdete Arten werden vermehrt und im Freiland ausgepflanzt.

Diese sogenannten Biotopanlagen, in denen die Fauna und Flora des Rheinlandes gebündelt werden, gehen zurück auf eine Idee von Wilhelm Barthlott. Der ehemalige Direktor des Botanischen Gartens und Entdecker des Lotuseffektes begann gleich nach seiner Berufung nach Bonn damit, die vielfältigen Lebensräume in einem Radius von circa 100 Kilometern rund um die Stadt in einer Art Miniaturwunderland darzustellen. So gibt es zum Beispiel das *Siebengebirge en miniature* mit einer Population Mauereidechsen, eine kleine Tannenbuscher Düne und winzige Moore, die denen in der Eifel und der Wahner Heide nachempfunden sind. Neben Schutz, Erhaltung und Vermehrung soll die Biotopanlage der Information der Öffentlichkeit und der Förderung der wissenschaftlichen Ausbildung dienen.

Die Poppelsdorfer Allee ist zu jeder Jahreszeit beeindruckend, doch besonders dann, wenn die Kastanienbäume blühen.

Melbtalbrücke im Melbtal
Melbweg 3
53127 Bonn

Gesindehaus
Clemens-August-
Straße 59
53115 Bonn
0228 92597057

69 Wildromantische Senke

Melbtal

Ein Lieblingsplatz wie aus einem Bilderbuch: Sonnenstrahlen fallen durch die Blätter, im Wasser des Engelsbaches entstehen Spiegelungen, Baumstämme bilden natürliche Brücken über den Bach, von Menschenhand gebaute Überführungen lassen einen trockenen Fußes von der einen Seite auf die andere wechseln. Ein besonderes Exemplar ist die historische Melbtalbrücke aus Backstein, die um 1845 erbaut wurde. Über sie fuhren noch Kutschen beziehungsweise, laut Informationstafel, die vornehme Variante davon, nämlich Equipagen.

Meist ist es still im Melbtal, und während eines Spaziergangs kann man wunderbar zur Ruhe kommen. Manchmal hört man das Jauchzen von Kindern, die, oft mit Matschhose und Gummistiefeln ausgerüstet, eine Naturerfahrung nach ihrem Geschmack machen. Das Melbtal ist aber nicht nur idyllisch, es fungiert zudem als Frischluftschneise für die Stadt Bonn. Es steht unter Landschafts- und Naturschutz und ist unbedingt erhaltenswert. Wegen seiner geologischen und biologischen Vielfalt ist das Melbtal oft Ziel von Bildungsexkursionen.

Der Weg führt vorbei an den wohl landesweit am schönsten gelegenen Universitätssportanlagen, an Gespensterbuchen, an einer einst von Nonnen des Bonner Klosters Engelthal genutzten Schutzhütte und am Melbgarten. Dieser öffnet einmal im Jahr, zum Frühlingsfest im April, seine Gartentore für die Öffentlichkeit. Eine Streuobstwiese mit etwa 30 verschiedenen regionalen Sorten soll angelegt werden. Die 1,8 Hektar große Außenanlage der Botanischen Gärten bietet – anders als die beiden Standorte des Nutzpflanzengartens in Poppelsdorf – genügend Platz für die Obstbäume.

Des Nachts könnte es im Melbtal unheimlich werden. Von Gespenstersichtungen wurde bisher aber nicht berichtet – für eine solche Erfahrung muss man zunächst im Gesindehaus einkehren und einen Gesindegeist bestellen.

Kreuzbergkirche
Stationsweg 21
53127 Bonn
0228 289990

Granatella Eis
Clemens-August-Straße 65
53115 Bonn
0228 220330

70 Bönnscher Blick auf kölsche Knüller

Kreuzbergkirche

Die Versuchung zu hüpfen ist groß – um noch mehr vom fantastischen Panorama zu erhaschen, das sich auf dem Kreuzberg bietet und leider von Bäumen teilweise verstellt ist. Luftsprünge passieren an diesem hübschen Ort aber auch aus Freude.

Es ist wie mit so vielen Kleinoden – sie liegen nicht an den täglichen Wegen. Man muss sie bewusst aufsuchen, der Zufall springt einem nicht zur Seite. Unbeabsichtigt kommen auch die zahlreichen Pilger nicht hierher. Ihr Ziel ist die barocke Kreuzbergkirche oben auf dem Kreuzberg, noch genauer die berühmte Heilige Stiege von Balthasar Neumann, eine der Scala Santa in Rom nachempfundene Marmortreppe mit in den mittleren Lauf eingelassenen Reliquien. An Karfreitag dürfen Wallfahrende die Stufen auf Knien betend erklimmen. Auch wenn nicht geöffnet ist, bietet das Portalgitter eine gute Sicht auf die Heilige Stiege. Wer viel Glück hat, der sieht bei seinem Besuch eine Hochzeitsgesellschaft.

Stille Tage haben aber ebenfalls etwas für sich. Dann darf man sich auf die Bank mit Ausblick setzen, den Kölner Dom, das Wesselinger Industriegelände und andere markante Punkte suchen und den Rundweg abschreiten. Etwa 50 Meter hinter der Kirche befindet sich eine große Wiese als Picknickgelegenheit. Bei schönem Wetter sitzen darauf viele Bonner und genießen die beeindruckende Aussicht.

Mehrere Wege führen auf die Anhöhe. Die Kreuzbergkirche kann zwar von Ippendorf aus über den Stationsweg mit dem Auto angefahren werden – aber warum, wenn man sich die Aussicht in Pilgermanier verdienen kann. Beim Aufstieg über den von Poppelsdorf kommenden Wallfahrtsweg geht die Freude über das immer spektakulärer werdende Panorama mit.

Nach dem Aufstieg hat man sich ein Eis verdient – selbst außerhalb der Öffnungszeiten wird man bei diesem Wunsch zuverlässig von der Familie Granatella unterstützt: Vor ihrer Eisdiele steht ein Eisautomat, der rund um die Uhr im Einsatz ist.

Grüne Spielstadt
(April bis September)
An der Schwarzen
Brücke
53121 Bonn
0228 2016149

Meßdorfer Feld
53123 Bonn

71 Das grüne Herz der Stadt

Grüne Spielstadt

Eine Theateraufführung inmitten von kunstvollen Gebilden aus Weiden und eine Kreativwerkstatt zwischen Pflanzenkunstwerken – im Herzen der Grünen Spielstadt findet man diese friedliche Koexistenz von Kunst und Natur; eins schließt das andere mit ein, nichts schließt sich aus und niemand wird ausgeschlossen.

Eine 4.500 Quadratmeter große Grünfläche in einer Stadt ist eine Besonderheit – und dennoch ist sie ein Geheimtipp. Das mag zum einen daran liegen, dass, von außen betrachtet, nicht sofort deutlich wird, welch ein Juwel sich hinter den Hecken verbirgt. Zum anderen hat die Spielstadt lediglich einmal im Monat geöffnet, und das von April bis September.

Die prägenden Elemente sind Skulpturen aus Weiden. Mitte der 1990er-Jahre wurden die Ruten eingepflanzt und von Künstlern gestaltet. Langsam wuchsen sie zu ihrer angedachten Form und befinden sich nach wie vor in stetigem Wandel. Ein *Grünes Klassenzimmer,* ein Rock 'n' Roll-Haus – es gibt mehr zu entdecken, als bei einem einzigen Besuch möglich ist.

Die Initiatoren der in Größe und Form einmaligen Anlage waren Luzia Mayer und Dr. Walfried Pohl. Im Jahr 2000 war dieses bundesweit einzigartige Weidengelände der Bonner Beitrag zur Weltausstellung Expo. Seit 2007 ist der Wissenschaftsladen Bonn Träger der Grünen Spielstadt. Neben ihrer Funktion als Naturerlebnisort und Stätte für Kunst und Kultur ist das Projekt wichtig für das Stadtklima. All das macht sie unbedingt erhaltenswert. Der Eintritt ist zwar frei, Spenden sind aber erwünscht. Das Gelände kann auch für Veranstaltungen gemietet werden.

Ein Spaziergang über das Meßdorfer Feld nebenan, einer der Frischluftschneisen für die Stadt Bonn, pustet frische Luft in die Lungen!

Frongasse
53121 Bonn

Pie Me Café
Frongasse 32
53121 Bonn
0228 96290254

72 Die Endenicher Kultur- und Genussmeile

Frongasse

Eine Straße als Lieblingsplatz? Ja, aber nicht irgendeine Straße. Die Frongasse in Bonn-Endenich ist eine Kultur- und Genussmeile. »Meile« klingt nach einer breiten, großzügig angelegten Allee – die Frongasse ist jedoch eine Einbahnstraße und so eng und kurvig, dass man sehr vorsichtig fahren muss. Das Wörtchen »Gasse« liefert bereits den entscheidenden Hinweis. Bemerkenswert lang ist sie ebenfalls nicht, aber in dieser Lieblingsstraße liegen die Lieblingsplätze dicht an dicht wie an kaum einem anderen Ort. Am besten bewegt man sich zu Fuß, sonst ist man auch schon vorbeigehuscht an all den tollen Angeboten.

Gehen wir die Gasse so entlang, wie Autos sie befahren dürfen. Wir sehen linker Hand zunächst den Irish Pub *The Fiddlers,* in dem Karaoke und Pub Quiz sowie die interessante Veranstaltungsreihe *Astronomy on Tap* stattfinden. Das dahinter gelegene *Theater im Ballsaal* teilen sich das Tanzensemble *CocoonDance* und die Schauspielgruppe *fringe ensemble.* Das Rex-Theater bietet unter anderem das Kinderwagenkino an: Einmal im Monat können Eltern gemeinsam mit ihren Babys tagsüber einen Film anschauen.

Rechter Hand befindet sich das Haus der Springmaus, eine weit über die Grenzen Bonns hinaus bekannte Improvisationsbühne. Hinter der Kurve liegt die *Harmonie,* die mit einem großen Biergarten lockt. Bis zu 150 Veranstaltungen finden im Jahr in der Bar statt, von Jazz-, Rock-, Blues- und Folkmusik über Kabarett-Shows. Bei der beliebten Bäckerei und Konditorei Gruhn bilden sich zuweilen Schlangen vor der Tür. So mancher Bonner hat sich mit einer hier gefertigten Hochzeitstorte bereits den schönsten Tag seines Lebens zusätzlich versüßt.

Nach einem solch ausgedehnten Fußmarsch ist das *Pie Me Café* die beste Adresse für eine Stärkung.

Museum Koenig Bonn
Adenauerallee 160
53113 Bonn
0228 91220
Museumsmeile Bonn
Adenauerallee,
Willi-Brandt-Allee,
Helmut-Kohl-Allee
53113 Bonn
0228 910410

73 Afrikanische Savanne

Museum Koenig Bonn

Wir stehen inmitten von Tieren der afrikanischen Savanne. Elefanten, Giraffen, Antilopen, auf dem Baum sitzt ein Leopard mit seiner Beute. Der große Lichtsaal des *Museums Koenig Bonn* präsentiert Natur, wie man es schon zur Zeit der großen Forschungsreisenden tat.

Manch einem mag es unheimlich erscheinen, sich neben präparierten Lebewesen wiederzufinden, faszinierend ist die Ausstellung dennoch, und aus solch direkter Nähe lassen sich die vielen Tiere in der freien Wildbahn oder im Zoo nicht studieren. Und es geht immer weiter, in zahlreichen Vitrinen sitzen Vögel und Säugetiere aus aller Herren Länder; es sind präparatorische Meisterleistungen. Artenvielfalt erforschen und erklären will das Museum und tut das nicht nur hinter Glas und in Sammlungsschränken, sondern auch an zahlreichen interaktiven Stationen, an denen die Besucher experimentieren und beobachten können. Auf diese Weise werden Zusammenhänge in der Natur dargestellt und es wird Verständnis geschaffen, wie das Leben der scheinbar noch zahllosen Arten auf der Erde miteinander verwoben ist, wie wichtig funktionierende Ökosysteme auch für den Menschen sind. Und von all den Bildungsaufträgen abgesehen: Der Besuch der Ausstellung macht Erwachsenen wie Kindern Spaß und lässt alle staunen. Immer wieder tauchen neue Lebewesen auf, von denen wir vielleicht schon einmal gehört haben, die wir aber noch nie gesehen haben.

Seit Sommer 2023 gehört das *Museum Koenig Bonn* gemeinsam mit dem *Museum der Natur Hamburg* zum *Leibniz-Institut zur Analyse des Biodiversitätswandels.* Über 16 Millionen Sammlungsobjekte lagern in den Archiven, spannende Objekte vieler Expeditionen, die auch schon mal in die Ausstellungen gelangen.

Auf der Bonner Museumsmeile liegen neben dem *Museum Koenig Bonn* die Bundeskunsthalle, das Kunstmuseum Bonn, das Deutsche Museum Bonn und das Haus der Geschichte.

Bundesbüdchen
Heussallee 13
53113 Bonn
0228 969760

Kanzlerbungalow
Wilhelm-Spiritus-Ufer
53113 Bonn
0228 9165400

74 Ein Denkmal erzählt Geschichte

Bundesbüdchen

Wenn dieser Ort doch seine Geschichte erzählen könnte! So ein häufig geäußerter Wunsch bei interessanten, geschichtsträchtigen Fleckchen Erde. Das 50 Tonnen schwere und 20 Quadratmeter kleine Bundesbüdchen kann genau das – es ist nämlich ein sprechendes Denkmal. Um den spannenden Berichten lauschen zu können, muss lediglich ein QR-Code an der Außenseite gescannt werden.

Das Bundesbüdchen ist aber nicht nur ein sprechendes Denkmal, es war auch ein am Kran schwebendes und 14 Jahre lang ein abwesendes Denkmal. Als das *World Conference Center* gebaut wurde, stand der berühmte Kiosk im Weg. Er wurde daraufhin als Ganzes angehoben, abtransportiert und eingelagert. Der ehemalige Eigentümer Jürgen Rausch und der *Förderverein historischer Verkaufspavillon* bemühten sich um seine Rückkehr, was 2020 endlich gelang.

Das Angebot des Bundesbüdchens hat sich verändert, inzwischen wird neben Zeitungen und Kaffee Backwerk aller Art verkauft. Die kulinarischen Ansprüche haben sich gewandelt; das ist merkbar an den zahlreichen Food-Trucks, die es zur Mittagszeit einkesseln und die verschiedensten Gaumenfreuden aus aller Herren Länder feilbieten. Vielleicht liegt es auch daran, dass das Publikum internationaler geworden ist; in unmittelbarer Nähe befindet sich der UN-Campus.

Als Zeitzeugnis der Bonner Hauptstadtphase ist das Bundesbüdchen Teil des *Wegs der Demokratie.* Und es ist nicht nur ein geschichtsträchtiger Platz, an dem schon immer alle zusammentrafen, unabhängig von sozialem Status oder politischer Gesinnung – es ist auch ein Ort des Nachdenkens über Kommunikation früher und heute. Die Kommunikation am Büdchen war authentisch und direkt, ohne Filter, und vor allem nicht anonym.

Ein Spaziergang am Rhein entlang, zum Beispiel zum Kanzlerbungalow, bietet sich vom Bundesbüdchen an.

Adelheidis-Brunnen
Adelheidisplatz 13
53229 Bonn

Pützchens Markt
53229 Bonn

75 Das Quellwunder der Äbtissin

Adelheidis-Brunnen

Über 1.000 Jahre ist es her, da wären die Bewohner von Pützchen, heute einem Ortsteil von Bonn, fast einer gewaltigen Dürre zum Opfer gefallen. Nicht einmal mehr Sieg und Rhein führten genügend Wasser, um Menschen und Vieh vor dem Verdursten zu retten. Adelheid von Vilich, Äbtissin des zwei Kilometer entfernten Stifts in Vilich, 987 n. Chr. errichtet, stieß der Legende nach im Jahre 1003 ihren Äbtissinnenstab in die Erde, und eine Quelle brach auf, die viele Leben rettete. Dieses Quellwunder sprach sich rasch herum, und die Schüttmenge der Quelle wurde im Laufe der Geschichte wohl hoffnungslos übertrieben, sehen wir doch heute im gefassten Brunnen nur noch ein Plätschern wie aus einem Wasserkran.

Adelheid wurde später heiliggesprochen; beerdigt wurde sie in der Kirche Sankt Peter in Vilich, wo ihre Reliquien im Dreißigjährigen Krieg von marodierenden Truppen gestohlen wurden. Da es nun an diesem Wallfahrtsort nichts mehr gab, was angebetet werden konnte, zogen die Pilger in der Folge zum Pütz. 1749 taucht erstmalig der Name »Adelheidis Pützgen« in historischen Dokumenten auf. Bereits im Mittelalter war dieser Platz eine Wallfahrtsstätte, um die sich zur Versorgung der Gläubigen ein Markt entwickelte, der Ursprung des heutigen, gewaltigen Volksfestes *Pützchens Markt.*

Im 16. Jahrhundert war das Adelheidisbrünnchen schließlich zentraler Treffpunkt für die Einwohner von Bonn. Hier trafen sich Handwerker, Händler und Bürger, um Geschäfte zu machen, Neuigkeiten auszutauschen und zusammenzusitzen. Heute stoßen wir vor den Klostermauern, vor denen das Brünnchen liegt, auf einen kleinen Park, auf dessen Bänken Einheimische und Touristen die friedliche Atmosphäre genießen können.

Jährlich ab dem zweiten Wochenende im September findet Pützchens Markt mit bis zu eineinhalb Millionen Volksfestbesuchern statt.

Holzlarer Mühle
Mühlenweg 3a
53229 Bonn

Alaunrundweg
Startpunkt: Ennertparkplatz
Ecke Pützchens
Chaussee/Oberkasseler
Straße
53229 Bonn-
Niederholtorf

76 Wohl dem, der eine Mühle hat

Holzlarer Mühle

Wir gehen 150 Meter den Weg entlang, dann stehen wir vor der alten Wassermühle. Verträumt liegt sie am Ende der Gasse zwischen einigen hohen Bäumen am Mühlenbach. Das Kulturdenkmal besitzt das einzige noch funktionsfähige Wassermahlwerk im Bonner Stadtgebiet.

Wir können uns gut vorstellen, wie früher der Bauer mit seinem Getreide zum Müller kam, der es zwischen den schweren Mühlsteinen aus Eifeler Basalt zu Mehl mahlte. Im Jahre 1502 wurde diese Anlage erstmalig urkundlich erwähnt, wahrscheinlich aber ist sie deutlich älter. In Holzlar gab es seinerzeit einen Burghof, der einem Mitglied des Hauses Nesselrodt bei Leichlingen an der Wupper gehörte. Zum Burghof gehörten Mühle und Mühlteich; beides wurde in den Kriegen des 17. Jahrhunderts zerstört. Die Mühle wurde später wieder aufgebaut und blieb im Nesselrodt'schen Besitz. Mühlen galten jahrhundertelang als sichere Einnahmequelle für ihre Besitzer, denn nur Klöster und Grundherren durften sie gemäß des »Mühlenregals« von 1158 errichten; für die Landbevölkerung bestand Mühlenzwang. Sie mussten ihr Getreide dort mahlen lassen und diese Arbeit bezahlen.

Im 19. Jahrhundert wurde der Holzlarer Betrieb von der Familie Reuter übernommen. In den 1950er-Jahren legte sie der letzte Müller, Josef Reuter, still. Heute steht sie unter Denkmalschutz und wird vom *Verein Holzlarer Mühle* mit Unterstützung der NRW-Stiftung betreut. 1994 wurden umfangreiche Sanierungsmaßnahmen abgeschlossen, 2020 bekam das Bauwerk sogar ein neues Mühlrad nach originalgetreuem Vorbild. Das historische Mahlwerk im Innern ist vollkommen funktionstüchtig und kann bei öffentlichen Führungen und Events besichtigt werden.

Am Ennertparkplatz auf der Pützchens Chaussee startet der Alaunwanderweg, der vor Augen führt, wie das Naturschutzgebiet Ennert in früheren Zeiten durch die Alaunproduktion zu einem giftgefüllten Hexenkessel wurde.

Café-Restaurant Bundeshäuschen Bonn
Oberkasseler Ufer 4
53227 Bonn
0049 0228441103

Rheinfähre Bad Godesberg–Niederdollendorf
Fährstraße
53639 Königswinter-Niederdollendorf
0228 971280

77 Das kulinarische Stranderlebnis

Bundeshäuschen Bonn

Als Bonn Bundeshauptstadt war, zog es viele Abgeordnete regelmäßig nach Oberkassel an den Rhein, um in diesem Restaurant zu speisen. Genauso oft wie im Deutschen Bundestag seien die Politiker im Lokal anzutreffen, so die Ortsansässigen, es sei wohl ihr »Bundeshäuschen«.

1903 erhielt Peter Hei die Konzession zum Betrieb seines Schiffs Anna als Personenfähre zwischen Oberkassel und Plittersdorf; 1906 erhielt er die Genehmigung, in der Wartehalle Bier und andere Getränke auszuschenken. Die Fähre fährt heute nicht mehr, das Original-Bundeshäuschen wurde im Krieg zerstört. Seit 1991 steht das Gebäude in seiner heutigen Form am Rheinufer. Einen schöneren Platz können wir uns kaum vorstellen, direkt am Fluss mit Blick aufs Wasser; bei miesem Wetter hinter Panoramafenstern, bei Sonnenschein im Biergarten. Bei Hochwasser hält die Mauer eine ganze Weile den Fluten stand, bis sie geplant überspült wird.

Nur hundert Meter weiter beginnen Bonns schönste Rheinstrände. Hier ist jeder Tag ein Urlaubstag. Eine Bucht mit weichem Sand folgt auf die andere, zwischen den Buhnen aus Basalt, die weit in den Fluss ragen, lagern sich die feinen Körnchen ab. Alte Weiden lassen ihre Äste weit hinabhängen, an manchen Stellen ist der Sand mit Muscheln übersät. Kinder können unbesorgt spielen, Liebespaare finden abgeschiedene Stellen. Bei gutem Wetter liegen zahlreiche Sonnenanbeter am Ufer, ohne dass es je überfüllt ist – der Weg ins zauberhafte Oberkassel und dann noch hinunter an den Rhein ist nicht der kürzeste.

Ob seinerzeit die Abgeordneten nach dem Mittagstisch wieder in den Plenarsaal zurückkehrten oder an den Strand gingen, ist nicht überliefert.

1.500 Meter rheinaufwärts fährt die Fähre von Niederdollendorf nach Bad Godesberg. Die Gelegenheit zu einem Spaziergang bietet sich auf beiden Uferseiten mit doppeltem Rheinpanorama.

Büdchen der Bonn Capitals Baseball
Martin-Luther-King-Straße 24
53175 Bonn

Japanischer Garten Rheinaue
53113 Bonn

78 Das Oktogon im Kleeblatt

Büdchen der *Bonn Capitals*

Wer ein vielblättriges Kleeblatt findet, dem ist Fortuna wohlgesonnen, so sagt man. Die Baseballmannschaft *Bonn Capitals* kann das bestätigen. Ihre Spielfelder in der Bonner Rheinaue sind angeordnet wie ein vierblättriges Kleeblatt. Und sie haben nicht nur Glück, hier spielen zu dürfen: Sie spielen zudem sehr erfolgreich in der Ersten Baseballbundesliga. Das liegt jedoch mehr an Fleiß, Ausdauer und anhaltender Begeisterung.

Glück ist dann wieder, an diesem Ort einen weiteren Lieblingsplatz zu finden. Dem oktogonalen »Büdchen« in der Mitte des Baseball-Kleeblatts kommt eine wichtige Funktion zu: Es ist Dreh- und Angelpunkt des Teams und der Fans. Im oberen Teil sitzen die Stadionsprecher, unten wird in typisch amerikanischer Manier für das leibliche Wohl gesorgt – mit Hotdogs und Hamburgern. Die Stimmung bei den Spielen ist fröhlich, ausgelassen und familiär. Seit der Antike steht das Achteck für Vollkommenheit – Zufall oder genau so geplant?

Wer vom Kleeblatt in südlicher Richtung geht, kommt durch die »Amerikanische Siedlung«, offiziell HICOG-Siedlung Plittersdorf. Sie wurde Anfang der 1950er-Jahre für Mitarbeiter der US-amerikanischen Hochkommission errichtet. Heute fällt lediglich die großzügige Gestaltung auf, von der Infrastruktur – englischsprachiges Kino, amerikanisches Postamt, amerikanischer Supermarkt – ist kaum etwas erhalten geblieben. Es ist spannend, durch die Straßen zu streifen und diese Orte vor dem inneren Auge auferstehen zu lassen. Die im neuenglischen Stil errichtete Kirche *Stimson Memorial Chapel* diente allen Konfessionen. Sie ist noch erhalten und steht, wie die gesamte Siedlung, als Baudenkmal unter Denkmalschutz.

Die Bonner Rheinaue ist immer einen Besuch wert – ob zum Bötchen fahren oder zur Blütezeit der Rosen oder der Kirschbäume. Der Japanische Garten ist ein besonderes Schmuckstück.

BaseCamp Hostel Bonn
In der Raste 1
53129 Bonn
0228 93494955

Fitnessstudio KW Bonn
In der Raste 3
53129 Bonn
0228 93390727

79 Das Wohnwagen-Hostel mit Charme

BaseCamp Bonn

Nach vielen Jahren, in denen sie zum Vergnügen der Bonner unermüdlich die Straßenbahnschienen entlanggefahren ist, hat die »Bönnsche Bimmel« nun hier ihr Zuhause gefunden: Vor dem *BaseCamp,* einem einmaligen Wohnwagen-Hostel mit Campingatmosphäre in einer ehemaligen Lagerhalle.

Wie früher auf der Straße können weiterhin in dem über 100 Jahre alten Waggon-Trauungen im kleinen Kreis durchgeführt werden – nun zwar nicht mehr mit Fahrtwind um die Nase, dafür aber an einem ausgefallenen Ort mit der Möglichkeit, im Anschluss direkt nebenan zu feiern. In einem solchen Ambiente ereignen sich immer mal wieder ungewöhnliche Geschichten – so geschehen, als die eine Hälfte der Halle von einer Hochzeitsgesellschaft gemietet wurde und die andere Hälfte von einem Harley-Davidson-Fanclub. Man feierte gemeinsam und schuf unvergessliche Erinnerungen.

Das *BaseCamp* kann für Veranstaltungen aller Art gemietet werden und ist unter anderem Schauplatz für bunte Feste wie das *Holi Colors Festival.* Die Konzertreihe *Neue Musik* des *Beethoven Orchesters Bonn* findet regelmäßig statt, und bei Streetfood-Festivals verschiedener Anbieter wird das *BaseCamp* zu einer Genussmeile. Wer an diesem Lieblingsplatz übernachten möchte, der kann zwischen verschiedenen Retro-Wohnwagen, US-Airstreams, einer Seilbahngondel, einem Trabi mit Zelt auf dem Dach und zwei VW-Transportern wählen. Die Wohnwagen wurden von der Film- und Bühnenplastikerin Marion Seul thematisch gestaltet und mit historischen Requisiten ausgestattet. Gefrühstückt wird hoch oben auf einer Empore – von hier aus hat man alles im Blick und kann die Atmosphäre in Gänze aufnehmen.

In unmittelbarer Nähe liegt das Fitnessstudio Kraftwerk (KW). Wer die Kalorien anschließend wieder hinzugewinnen möchte, der geht ins Probierhaus.

Annaberger Tunnel
Am Bommerich
53175 Bonn
Am Ende der Sackgasse hangaufwärts in den Tunnel

Klufterbachtal
53175 Bonn

80 Seltsamster Lost Place der Stadt

Annaberger Tunnel

Der Annaberger Tunnel ist eines der merkwürdigsten Bauwerke weit und breit. Durch den Kottenforst führt ein Pfad in Richtung Friesdorf. Vor den ersten Häusern mündet er plötzlich in einen seltsamen Tunnel, der unter einem Wäldchen und einem Privatgrundstück hindurchführt und nur für Fußgänger geeignet ist.

Die Strecke wird kaum begangen, aus der entgegengesetzten Richtung, aus dem Ort, kommen dann und wann Leute vorbei, die mit ihrem Hund in den Kottenforst gehen. Der unterirdische Gang endet im bebauten Wohngebiet von Friesdorf an der Straße Am Bommerich. Und wer hat nun dort warum diesen Tunnel gebaut? Der Gedanke an einen Wasserkanal drängt sich auf, aber dann würde das Wasser direkt in den Ort geleitet. Eine Verkehrsroute? Doch da ist nur die Unterführung, dahinter schließt sich der Pfad durch den Kottenforst an, einst ein Weg, der Bommerichshüll. Eine historische Strecke, gar ein alter Handelsweg? In alten Zeiten baute man keine Betontunnel.

Wir besichtigen das merkwürdige Bauwerk, dafür folgen wir der Annaberger Straße, biegen in die kleine Straße Am Bommerich ab und gelangen an deren Ende in den Tunnel, durch den wir problemlos hindurchgehen können. Der Friesdorfer Bauunternehmer Henseler errichtete seinerzeit seine Villa auf dem darüberliegenden Berg. Damit die Bevölkerung weiterhin in den Wald gelangen konnte, legte er die Unterführung an, gleichzeitig schuf er damit ein festes Fundament für sein Haus. 1953 bis 2002 befand sich darin die Botschaft des Irak, bis sie 2002 nach Berlin umzog. 2015 wurde in dem Gebäude wieder eine Außenstelle der irakischen Botschaft eröffnet.

Nicht weit entfernt ist das wildromantische Klufterbachtal, durch das ein geologischer Lehrpfad hindurchführt.

Information

Köln Tourismus
Komödienstraße 44
50667 Köln
0221 346430
www.koelntourismus.de

Rhein Erft Tourismus
Willi-Brandt-Platz 1
50126 Bergheim
02271 8347373
www.rhein-erft-tourismus.de

Tourismusbüro Bonn und Region
Windeckstraße 1
53111 Bonn
0228 775000
www.bonn-region.de

Besichtigen

Abtei Michaelsberg
Bergstraße
53721 Siegburg
www.foerderverein-michaelsberg.de

ALAAF-Schriftzug
Köln
https://verliebtinkoeln.com

Alter Zoll
Brassertufer
53113 Bonn

Alt-Kaster
Hauptstraße 81
50181 Bedburg
www.bedburg.de

Bananeninsel
Bonner Straße 50
50677 Köln

Braunkohlekraftwerk Niederaußem
Werkstraße
50129 Bergheim
0800 833830
www.rwe.com

Burg Gleuel
Burgstraße 21
50354 Hürth

Burg Heimerzheim
Kölner Straße 1
53913 Swisttal
02254 9582580
https://burg-heimerzheim.de

Burg Wissem
Burgallee 1
53840 Troisdorf
02241 900456
www.troisdorf.de

Burgruine Hemmerich
Jennerstraße 47
53332 Bornheim
www.burg-hemmerich.de

Deutzer Drehbrücke
50679 Köln
www.stadt-koeln.de

Doppelkirche St. Maria und St. Clemens
Dixstraße 41
53225 Bonn

Driftblock
Ecke Hohlenberg/Klippe
53332 Bornheim

Ehem. Brikettfabrik Wachtberg
Ludwigstraße 1
50226 Frechen-Wachberg
www.rwe.com

Forum Terra Nova im Tagebau Hambach
Kerpener Straße/
Nordrandweg
50189 Elsdorf
02274 7057940
www.forumterranova.de

Friedensweg Alfter
Hühnerbuschweg
www.friedensweg.info

Galerie Sattelgut
Pinner Straße 10a
53819 Neunkirchen-Seelscheid
0152 56430066
www.galerie-sattelgut.de

Grab von Heinrich Böll
Alter Friedhof Merten
53332 Bornheim

Grube Carl
Von-Klespe-Straße
50226 Frechen

Heideportal Gut Leidenhausen e. V.
Gut Leidenhausen 1
51147 Köln
www.gut-leidenhausen.de

Heidezentrum Turmhof
Kammerbroich 67
51503 Rösrath
02205 9477800
www.turmhof.net

Herkulesberg
Zwischen Innere Kanalstraße
und Mediapark
50670 Köln

Hexenturm und Gerichtslinde
Walburgisstraße 20
53332 Bornheim
02227 1691

Holzlarer Mühle
Mühlenweg 3a
53229 Bonn
www.holzlarer-muehle.de

Industrieanlagen Wesseling
50997 Köln
www.kvb-koeln.de

Industriedenkmal Schmalspurkohlebahn
Ecke Alstädter Straße/
Werner-Disse-Straße
50354 Hürth
02237 657015
www.kohlenbahn-huerth.de

Kamelleboom
Ecke Alfterer Hufebahn/
Pützweg
53913 Swisttal

Kanzlerbungalow
Wilhelm-Spiritus-Ufer
53113 Bonn
0228 9165400
www.hdg.de/haus-der-geschichte

Katzenbuckelbrücke
Mülheimer Hafen
51063 Köln
www.stadt-koeln.de

Kennedybrücke
53111 Bonn

Kohlfelder beim Wasserturm Rösberg
Theisenkreuzweg
53332 Bornheim

Kölner Karnevalsmuseum
Maarweg 134
50825 Köln
0221 574000
https://koelnerkarneval.de

Korallengrotte im Volksgarten
Volksgartenstraße 56
50677 Köln

Kreuzbergkirche
Stationsweg 21
53127 Bonn
0228 289990
https://kreuzberg-bonn.de

Lechenich
Startpunkt: Bonner Tor
50374 Erftstadt

Mineralogisches Museum
Meckenheimer Allee 169
53115 Bonn
0228 732761
www.ifgeo.uni-bonn.de/museen

Museum Koenig Bonn
Adenauerallee 160
53113 Bonn
0228 91220
https://bonn.leibniz-lib.de/de

Museumsmeile Bonn
Adenauerallee, Willi-Brandt-Allee, Helmut-Kohl-Allee
53113 Bonn
0228 910410
www.museumsmeilebonn.de

Myriametersteine Rheinbogen Köln-Weiß
Weißer Leinpfad bei Rheinkilometer 679,49
50999 Köln

Naturdenkmal Schlade
In der Schlade 141
51467 Bergisch Gladbach-Romaney

Obstbaumuseum
Bonn-Brühler-Straße 14
53332 Bornheim
www.schmitzhuebsch.de

Poppelsdorfer Allee
53115 Bonn

Quarzwerke Frechen
Kaskadenweg 40
50226 Frechen
02234 1010
www.quarzwerke.com

Ringelstein/Eremitage Wahner Heide
Startpunkt: Telegraphenberg
53842 Troisdorf
www.wahnerheide.net

Ringwall und Aldeburg
Startpunkt: Wanderparkplatz Vinzenzstraße
53332 Bornheim
www.bornheim.de

Schloss Paffendorf
Burggasse 1
50126 Bergheim
02271 75120100
https://schlosspaffendorf.de

Schloss Türnich mit Café
Schloss Türnich 1
50169 Kerpen
02237 974691
www.schloss-tuernich.de

Schlosspark Gracht
Fritz-Erler-Straße 1
50374 Erftstadt
https://www.foerderverein-schlosspark-gracht.de

Schokoladenmuseum
Am Schokoladenmuseum 1a
50678 Köln
www.schokoladenmuseum.de

Swister Turm
Am Swisterberg 27
53919 Weilerswist
02254 3322
www.swister-turm.de

Welterbestätte Schlösser Brühl
Parkplatz Max-Ernst-Allee
50321 Brühl
www.schlossbruehl.de

Zwölf-Apostel-Buchen
Am Talweg
53797 Lohmar

Aktivitäten

Aggerwehr/Bootsverleih
Aggerdamm 35
53840 Troisdorf
01577 4035241
https://kiosk-am-bootsverleih.business.site

Alaunrundweg
Startpunkt: Ennertparkplatz Ecke Pützchens Chaussee/Oberkasseler Straße
53229 Bonn-Niederholtorf
www.denkmalverein-bonn.de

Alpakas an der Siegmündung
Thelengasse 73
53859 Niederkassel
0173 5342350
www.alpakassiegmuendung.de

Aussichtsplattform Flughafen Köln/Bonn
Kennedystraße
51147 Köln
02203 404001
www.koeln-bonn-airport.de

Aussichtsplattform Köln-Triangle CologneView
Ottoplatz 1
50679 Köln
02234 9921555
www.koelntrianglepanorama.de

Aussichtsplattform Pinn Wahnbachtalsperre
Parken: Pinner Straße
53819 Neunkirchen-Seelscheid
www.wahnbach.de

Berggeistweiher und Lucretiasee
Startpunkt: Wanderparkplatz am Landgasthaus Birkhof
50321 Brühl
www.landgasthausbirkhof.de

Biotop – Lehranlage-Frechen-Rosmarpark
Rosmarstraße
50226 Frechen
https://biotop-rosmarpark.de

Bleibtreusee/Wasserski
Bleibtreuseeweg 1
50321 Brühl
02232 22681
www.wasserski-bleibtreusee.de

Boisdorfer See
Startpunkt: Wanderparkplatz bei Burg Mödrath
50171 Kerpen

Bonn Capitals Baseball
Martin-Luther-King-Straße 24
53175 Bonn
www.capitals.de

Borgster's Erlebnisbrauerei Lohmar
Meigermühle 2
53797 Lohmar
02246 3038265
https://erlebnisbrauerei-lohmar.com

Botanische Gärten Bonn
Meckenheimer Allee 171
53115 Bonn
0228 735523
www.botgart.uni-bonn.de

Das Handwerkerinnenhaus Köln e. V.
Kempener Straße 135
50733 Köln
0221 5727000
www.handwerkerinnenhaus.org

Domdachführung
Roncalliplatz
50667 Köln
0221 17940303
www.domfuehrungen-koeln.de/dach

Durchquerung Fernwärmetunnel Rhein
Kennedyufer
50679 Köln
www.koeln.de

Eichenkamp
Startpunkt: Uedorfer Weg
53332 Bornheim

Falknerei Pierre Schmidt
Gymnicher Mühle 10a
50374 Erftstadt
0172 1773443
www.falknerei-schloss-gymnich.de

Finkens Garten
Friedrich-Ebert-Straße 49
50996 Köln
0221 2857364
www.finkensgarten.org

Fitnessstudio KW Bonn
In der Raste 3
53129 Bonn
0228 93390727
www.kwbonn.de

Flora und Botanischer Garten
Alter Stammheimer Weg
50735 Köln
0221 560890
www.freundeskreis-flora-koeln.de

Forstbotanischer Garten
Schillingsrotter Straße 100
50996 Köln
0221 354325
www.stadt-koeln.de

Friedenswald
Schillingsrotter Straße 100
50996 Köln
0221 354325
www.spielplatztreff.de

Gesundheitsgarten Erftstadt Liblar
50374 Erftstadt
www.gesundheitsgarten-frauenthal.de

Glessener Höhe
Startpunkt: Zum Sonnenberg
50259 Pulheim

Gotteshülfeteich
Startpunkt: Wanderparkplatz Wendelinusstraße
50354 Hürth

Grüne Spielstadt
An der Schwarzen Brücke
53121 Bonn
0228 2016149
www.wilabonn.de

Hafenführung Bonn
Werftstraße 70
53117 Bonn
0228 9675483
www.azs-group.com

Hallenfreizeitbad Bornheim
Rilkestraße 3
53332 Bornheim
02222 9959128
www.hallenfreizeitbad.de

Heinrich-Böll-Weg
Startpunkt: Heinrich-Böll-Platz
53332 Bornheim
www.bornheim.de

Japanischer Garten Rheinaue
53113 Bonn

Karauschenweiher
50374 Erftstadt

Kletteranlage Hohenzollernbrücke
Hohenzollernbrücke
50679 Köln
www.dav-koeln.de

Klufterbachtal
53175 Bonn

Landschaftsschutzgebiet Villewälder
53919 Weilerswist

Marienfeld
Startpunkt: Wanderparkplatz bei Burg Mödrath
50171 Kerpen

Melbtal
Melbweg 3
53127 Bonn

Meßdorfer Feld
53123 Bonn
www.messdorferfeld.de

Naturparkzentrum Gymnicher Mühle
Gymnicher Mühle 10
50374 Erftstadt
02237 6388020
www.naturparkzentrum-gymnichermuehle.de

Naturschule Aggerbogen
Am Aggerbogen 1
53797 Lohmar
02206 2143
www.naturschule-aggerbogen.de

Naturschutzgebiet Rheinmittelterrassenkante
Pickelshüllenweg
53332 Bornheim

Niehler Strand/Hafen
Am Molenkopf 20
50735 Köln

Personenfähre Rheinschwan
Ecke Uferstraße/
Schneppenweg
53859 Niederkassel
02236 595353
https://weisbarth.de

Phantasialand
Berggeiststraße 31–41
50321 Brühl
02232 36600
www.phantasialand.de

Planespotting Querwindbahn in der Wahner Heide
Kammerbroich 67
51503 Rösrath

Reiterhof Bornheim
Brombeerweg 35
53332 Bornheim

Renaturierte Erft
Zum Biotop
50127 Bergheim

Rheinfähre Bad Godesberg–Niederdollendorf
Fährstraße
53639 Königswinter-Niederdollendorf
0228 971280
www.rheinfaehre-godesberg.de

Rheinfähre Krokodil
Weißer Leinpfad
50999 Köln
0157 7303525
www.faehre-koelnkrokodil.de

Rheintalblick
Heerweg
53332 Bornheim

Rheinufer am Kölner Maritim-Hotel
Höhe Heumarkt 20
50667 Köln

Rheinufer Bonn-Schwarzrheindorf
Petrusstraße 36
53225 Bonn

Rosengarten Fort X
Neusser Wall 33
50670 Köln
0221 22123051
www.stadt-koeln.de

Scheibner Ranch
Husarenstraße
53757 St. Augustin
https://www.scheibner-ranch.de/index.php

Siegmündung
Fähranleger Graurheindorf
53117 Bonn
www.rheinfaehre-mondorf.de

Skyhunters Frechen
Rotdornweg 20
50226 Frechen
0171 4059919
www.skyhunters-frechen.de

Stallberger Fischteiche
Startpunkt:
Ecke B 56/Zeitstraße
53721 Siegburg
www.lohmarer-wald.net

Strandbad Otto-Maigler-See
Zieskovener Straße 85
50354 Hürth
02233 34243
www.otto-maigler-see.de

Wahner Heide
Startpunkt: Parkplatz Busenberg am Brandweg
51503 Rösrath

Wasserburgen-Radroute
Acht Etappen durch Eifel, Jülicher Börde, Rheinische Bucht
https://die-wasserburgen-route.de

Wassertretstelle Königsforst
Startpunkt: Parkplatz Forsbacher Mühle
51503 Rösrath

Wenigerbachtal und Gronenthaler Hof
50°51.770' 7°16.647'
53797 Lohmar

Wildpark Dünnwald
Dünnwalder Mauspfad 230
51069 Köln
0221 601307
www.wildpark-duennwald.de

YOUFLY Flugsimulator Köln/Bonn
Richthofenstraße 124
53757 St. Augustin
02241 9557995
https://youfly.de

Ziegenhof Rösberg
Weberstraße 12
53332 Bornheim
02227 931418
www.ziegenhof-roesberg.de

Essen und Trinken

Bar Botanik im Wasserturm Hotel
Kaygasse 2
50676 Köln
0221 20080
www.wasserturm-hotel-cologne.com

Bauerngut Schiefelbusch
Schiefelbusch 3
53797 Lohmar
02205 83554
www.bauerngut-schiefelbusch.de

Biergarten Alter Zoll
Brassertufer
53113 Bonn

Biergarten Bambi
Brander Straße 154
51503 Rösrath
02205 907788
www.wahnerheide.net

Biergarten Vorgebirgsblick
Händelstraße 45
53332 Bornheim
02227 905333
www.vorgebirgsblick.com

Brauhaus Bönnsch
Sterntorbrücke 4
53111 Bonn
0228 650610
www.boennsch.de

Bundesbüdchen
Heussallee 13
53113 Bonn
0228 969760
www.bundesbuedchen.de

Burgcafé Caffé dell'Arte
Burgallee 3
53840 Troisdorf
02241 1694581
www.zur-burg-wissem.de

Café & Konditorei Nimmersatt
Darmstädter Straße 19
50678 Köln

Café Radix und Anima
Deutz-Mülheimer Straße 183
51063 Köln
0176 7364136
www.radixundanima.de

Café Trebellii
Holzweg 3
53332 Bornheim
02227 9292797
www.trebellii.de

Café Uferglück
Weidenweg 100
51105 Köln
02203 9495598
www.uferglueck.de

Café-Restaurant Bundeshäuschen Bonn
Oberkasseler Ufer 4
53227 Bonn
0049 0228441103
www.bundeshaeuschen.de

Café Silberlöffel
Bachstrasse 18
53359 Rheinbach
02226 9008777
www.der-silberloeffel.de

Cocktailbar Woods
Friesenstraße 49
50670 Köln
0221 42336672
www.woods-cologne.de

Eiscafé Immacolata
Rheinallee 2–6
53859 Niederkassel
0228 218392

Eiscafé Teatro
Markt 30
53721 Siegburg
02241 3018639

Eisdiele Keiserlich
Neusser Platz 2
50670 Köln
0221 99876277
www.keiserlich.com

Gammersbacher Mühle
Gammersbacher Mühle 1
53797 Lohmar
02205 84197
www.gammersbacher-muehle.de

Gasthof Röttgen
Kirchweg 6
53819 Neunkirchen-Seelscheid
02247 6153
www.gasthof-roettgen.de

Gesindehaus
Clemens-August-Straße 59
53115 Bonn
0228 92597057
www.gesindehaus-bonn.de

Glessener Mühlenhof
Glessener Mühlenhof 1
50129 Bergheim
02238 9693007
www.glessener-muehlenhof.de

Granatella Eis
Clemens-August-Straße 65
53115 Bonn
0228 220330
www.granatella-eis.de

Good Food Köln
Im Mediapark 5
50670 Köln
0221 50054038
www.goodfood-koeln.de

Herrenhaus Buchholz
Buchholzweg 1
53347 Alfter

Kaiserbahnhof Brühl
Kierberger Straße 158
50321 Brühl
02232 25581
www.kaiserbahnhofbruehl.de

Konditorei-Café Wilhelm Kleimann
Rheingasse 16–18
53113 Bonn
0228 633460
www.cafehaus-kleimann.de

Konrad's Skybar
Platz der Vereinten Nationen 4
53113 Bonn
0228 28050684
https://www.konrads-bonn.de

Kulturcafé Hubert
Merowingerstraße 20
50677 Köln
0221 16866511
www.cafe-hubert.de

Landgasthof Heideblick
An der Krumbach 3a
51503 Rösrath
02205 1675
www.gasthof-heideblick.de

Mondi Beachbar
Rheinallee 27
53859 Niederkassel-Mondorf
0228 450090
www.rheingold-hotel.com/mondi-beach

Monkey Bar im 25hours Hotel Köln The Circle
Im Klapperhof 22–24
50670 Köln
0221 1625330
www.monkeybarkoeln.de

Pie Me Café
Frongasse 32
53121 Bonn
0228 96290254
www.piemecafe.de

Porzer Groov
An der Groov
51143 Köln
https://groov.chayns.site

Restaurant zur Siegfähre
Zur Siegfähre 7
53844 Troisdorf
0228 475547
www.siegfaehre.de

SonnenscheinEtage
An St. Agatha 19–25
50667 Köln
0176 98353827
https://sonnenscheinetage.de

Speiselokal Atempause
Am Niehler Hafen 1
50735 Köln
0221 78962688
https://speiselokalatempause.business.site

Sürther Bootshaus
Sürther Leinpfad 1
50999 Köln Sürth
02236 3316638
https://suerther-bootshaus.de

Waldbiergarten
Grubenweg 8
50374 Erftstadt
0172 2520026
http://waldbiergarten.eu

Waldwirtschaft Heidekönig
Mauspfad 3
53842 Troisdorf
02241 1453150
www.der-heidekoenig.de

Zum Grinkenschmied
Wupperplatz 15
51061 Köln
0221 42344639
www.grinkenschmied.com

Zum Bootshaus
Nachtigallenweg 37
53844 Troisdorf
0228 18086859
http://www.zum-bootshaus-bergheim.de

Einkaufen

Gertrudenhof
Lortzingstraße 160
50354 Hürth
02233 72816
https://erlebnisbauernhof-gertrudenhof.de

Bioland Apfelbacher
Tombergstraße 1
53332 Bornheim
02222 9271618
www.bioland-apfelbacher.de

Das Soziale Kaufhaus in Swisttal-Heimerzheim
Breniger Straße 3
53913 Swisttal
02254 6004805
https://das-soziale-kaufhaus.de

HARIBO-Shop Bonn
Am Neutor 3
53113 Bonn
www.haribo.com

kiss the inuit
Friedrichstraße 58
53111 Bonn
0228 36035345
https://kisstheinuit.de

Kölner Wein Depot
Amsterdamer Straße 1
50668 Köln
0221 727570
www.koelnerweindepot.de

Unterkünfte

Die Wohngemeinschaft
Richard Wagner Straße 39
50674 Köln
0221 98593090
www.die wohngemeinschaft.net/hostel/

Hotel Rheingold
Rheinallee 27
53859 Niederkassel
0163 9748531
www.rheingold-hotel.com

V-Hotel mit Baumhäusern
Haager Weg 44
53127 Bonn
0228 9714450
https://v-hotel.de

BaseCamp Hostel Bonn
In der Raste 1
53129 Bonn
0228 93494955
www.basecamp-bonn.de

Veranstaltungen

Almabtrieb in Köln-Weiß
Am Treidelweg 1
50999 Köln
02236 65813
www.hof-lorbach.de

Ballonglühen
Rheinaue Bonn
53175 Bonn
www.ballonfestival-bonn.de

Elefantenrennen in Graurheindorf
53117 Bonn
https://bwb-kanu.de

Mittelalterlicher Weihnachtsmarkt
Markt
53721 Siegburg
https://mittelalterlicher-markt-siegburg.de

Nubbelverbrennung
50667 Köln
www.koeln.de

Christopher Street Day
Alter Markt
50667 Köln
www.koeln.de

Rhein in Flammen
am Fuße des Drachenfels
53175 Bonn Rheinaue
0228 91041-0
www.rhein-in-flammen.com

Sessionseröffnung 11.11.
Alter Markt
50667 Köln
www.koeln.de

Fischmarkt Martinsviertel
Am Leystapel
50667 Köln
0221 2576330
www.koeln.de

Pützchens Markt
53229 Bonn
www.bonn.de

Lieblings-
plätze
SIEBENGEBIRGE
UND DRACHENFELSER
LÄNDCHEN
Zauberhafte Ausflugsziele
Paradiesisch schlemmen
Freizeitspaß für Familien
GMEINER
SVEN VON LOGA
E-Book
inkl.

GMEINER